人類学者のレンズ

「危機」の時代を読み解く

はじめに　「現在」を考えるために

本書は、二〇二〇年四月から二〇二二年一二月まで、西日本新聞で毎月三三回にわたって連載した「人類学者のレンズ」をもとにしている。連載時と同じく、写真家の喜多村みかさんが文章に合わせて選んでくれた写真を再録している。コラムは、二〇一八年二月から八月まで朝日新聞で毎週二九回連載した「松村圭一郎のフィールド手帳」による。

新聞連載は、そのときの時代状況を反映したものになりやすい。とくに「人類学者のレンズ」は、新型コロナウイルスで世界が一変した時期にはじまり、集中豪雨などの自然災害、人種差別に反対するブラック・ライブズ・マター運動の広がり、東日本大震災から一〇年、東京オリンピックの延期と無観客開催、ロシアのウクライナ侵攻といった、数々の「危機」に向き合う連載となった。

人類学には、時事的な国際情勢とは遠く離れた社会や文化を研究しているイメージがあるかもしれない。しかし、人類学者はつねに自分たちがおかれている時代状況を敏感に受けとめ、思考を深めてきた。本書は、そのときどきの喫緊の課題や社会的な関心事について、これまでの人類学の研究をどう関連づけられるのか、そのつなげ方を探る試みでもあった。

人類学を学び、実践する。それは、フィールドワークやその調査結果の分析に専念することではない。さまざまな人類学者が書いたものをひもとき、その思考の筋道をたどるプロセスが欠かせない。現場で得た情報を整理し、理解するためにも、特定の「視点」が必要になるからだ。

　連載を書きながら、目の前で起きている現実をどうとらえたらよいのか、それまで読んでこなかった人類学者の本もできるだけ手にとり、その視座を学ぼうとした。

　時事的な問題を考えるとき、かならずしも「あたらしい」研究が役に立つとは限らない。古典的な研究でも、まったく対象が異なっていても、その人類学者の視点が考えるヒントになる。本書のタイトルである「人類学者のレンズ」には、人類学者である「わたし」のものの見方というよりも、さまざまな人類学者の視座に学ぶという意味合いが込められている。

　そしてコラムでは、あえて私自身の幼いときの経験やフィールドであるエチオピアで見聞きしたささいなエピソードなどに目を向けている。時間的にも、空間的にもずれのある人類学未満の周辺的な出来事の断片にも、おそらく「現在」についての思考の手がかりがある。

　連載を終えて一年以上がたち、本書でつづったことには、すでに過去の出来事となったり、時代遅れの認識になったりしたものも含まれている。だが、この三年近い月日で起きてきたことを、いまあらためて振り返ることは、これからの世界の行く末を考えるうえで、ひとつの出発点になるはずだ。

　二一世紀に入り、すでに四半世紀がたとうとしている。私たちはどういう時代を過ごし、これからどういう時代を生きようとしているのか。その過去から未来へとつづく道のりをとらえるためにも、同時代にリアルタイムで探索した「人類学者のレンズ」を読者にとっての「現在」から吟味していただければ幸いである。

目次

目次

人類学者のレンズ　「危機」の時代を読み解く

1. 「あたりまえ」の外へ　「ずれ」から知る　自分と社会と世界

文化人類学を学びはじめて二〇年以上になる。大学に入るまで、世の中にこんな学問があるなんて、ほとんど知らなかった。振り返ってみると、人生の歩みを決めたのは偶然の積み重なりだ。

高校生のとき、一度だけ文化人類学の新書を手にとったことがある。ぱらぱらとページをめくり、なんか難しそうだなと思って読まずに閉じた。でもその本に惹かれたのは、どこかでずっと「文化」に興味があると思っていたからだ。

きっかけは中学生のころ、生まれ育った熊本市から福岡県の博多まではじめて鉄道で一人旅をしたときのことだ。博多駅のホームに降り立つと、なんとなく人の雰囲気が熊本と違うことに気づいた。

まず服装が違う。福岡のほうがだいぶカジュアルに見えた。靴も違う。熊本だと革靴が多いのに、福岡ではスニーカーが目立った。人と話しても、福岡の方がオープンな感じがした。もちろんただの印象にすぎない。そんな安易な県民性の比較は本来の文化人類学からほど遠いのだけど、当時の私は県境をまたいだだけで人の様子が変わることを単純に「おもしろい！」と思った。

大学でどんな学問を学ぶべきか、こんなささいな経験の記憶が自分の進路を選ぶ手がかりになった。大学や学部を選ぶときも、授業をとるときも、「文化」と名のついたものをどこかで意識的に選んでいた気がする。

さて、その後、私は文化人類学という学問を職業にするようになった。本連載では、その人類学の視点から世の中のことを考えてみようと思う。

文化人類学は、現場にみずから赴いて調査するフィールドワークを大切にしている。かつては「未開社会」の研究をすることも多かったが、現代の人類学は、先進国の金融街から軍隊、病院や研究所、都市のスラムなど、ありとあらゆる場所が「フィールド」になる。どこが調査対象でも、慣れ親しんだ小さな世界から一歩、外にふみだす。それが重要になる。

なぜなら自分の「あたりまえ」は、その外側に出ることで気づくことができるからだ。ずっと熊本で暮らしてきた私は熊本のことをあまりわかっていなかった。文字どおり、あたりまえすぎたのだ。福岡に出てはじめて熊本の人の特徴がうっすらと見えた。人は「あたりまえ」の内側にいるだけでは、自分たちがどんなふうに生きているのか、知ることはできない。

だから文化人類学は調査対象だけを研究しているわけではない。異なる場所で生きている人びとの営みをとおして自分たちを知る。その私たちと彼らとの「ずれ」から世界の成り立ちを考える。それが「人類学者のレンズ」の土台になる。

新型コロナウイルスが引き起こしている事態のなかで、現在、だれもがこの「ずれ」を経験している。急にあたりまえの日常が崩れ、自分たちがどんな社会に生きていたのか、世界がどうつながっているのか、あらわになった。

一〇年前にはあまり耳にしなかった「インバウンド」という言葉。でも日本の観光業はすでに海外からの旅行者がいないと成り立たなくなっていた。身につけているものも、工業製品も、多くが海外の工場で生産されている。私たちの生活の大半が外国の人に支えられている。今回あらためて、そのことを突きつけられた。

これまでふつうにやれていたこともできなくなった。私が関係する研究会や学会も軒並み中止や延期になった。学校でみんなと授業を受け、給食を食べる。友人と飲み会をする。音楽のライブや演劇を楽しむ。そんな人との関わりや外出の機会が失われた。でも「不要不急」とされることがなくなると、人生はとたんに味気ないものになる。日常のありがたさを思い知らされた。

一カ月後、どんな光景が目の前に広がっているのか、予想もつかない。人生にとってほんとうに大切なことは何なのか、自分に何ができるのか。じっくりと何が起こりつつあるのかを観察しながら考えていこうと思う。

（二〇二〇年四月一七日）

1．「あたりまえ」の外へ

寄り道できなくなった時代

小学生のころ、熊本駅に近い万日山《まんにちやま》の中腹に家があった。学校が終わると教室を飛び出し、友人たちと山のなかを遊び回りながら帰った。

ある日の帰り道、家へとつづく坂道のアスファルトにチョークで矢印が点々と描いてあった。たどって行くと、ずっと山の上の方までつづいている。ランドセルを背負ったまま家の前を通り過ぎ、その矢印を追いかけた。

お墓が点在するミカン畑に黒い大きな犬のいる家があった。足音を立てないようそろりそろりと緊張して通り過ぎた。その先にはもう民家はない。林を抜けて小道の坂を登ると、開けた場所に出る。誰もいない。鬱蒼《うっそう》とした竹林が風に揺れている。急に不安になった。いつの間にか矢印も見失っていた。

なぜか、そのとき引き返さなかった。頂上を目指して歩きつづけた。山の上には大きな岩がいくつもあった。その岩の上に這《は》い上り、遠くを眺めた。

沈みゆく太陽の光に有明海がきらきらと輝いていた。その光景はいまもくっきりと目に浮かぶ。思い返せば、自然の大きな力に包まれるような時間だった。自分自身と向き合う経験だったのかもしれない。

最近は小学生が安心して寄り道もできなくなった。子どもたちが日頃から学校の外に広がる世界の豊かさにふれられる時代はもう戻ってこないのだろうか。

2.「意図しえぬ」連関で作られる世界　脱人間中心主義　今求められる「ずらし」

美しい季節になった。私が勤める岡山大学でも銀杏《イチョウ》並木の若葉がいっせいに萌《も》えはじめた。淡いピンク色の花水木《ハナミズキ》が新緑の波間に揺れ、ツツジの花が明るい陽光に輝く。

例年なら初々しい新入生が行き交う、にぎやかな時期だ。でもいまは学生の入構が禁じられ、閑散としている。今朝も山から下りてきた鶯《ウグイス》が静寂なキャンパスで誇らしげに美声を響かせていた。

人間がウイルスに脅かされ不安におののいているときも、季節は同じようにめぐる。人の気配がない分、より生き生きしているように感じる。この世界は人間だけで動いているわけではない。そんなあたりまえのことを、いまリアルに実感させられている。

アメリカの人類学者アナ・チンが書いた『マツタケ』（赤嶺淳訳、みすず書房）という本が二〇一九年に邦訳されて話題になった。日本人にとって大切な食材をテーマにしたチンの研究は古典的な人類学のイメージを一新させるものだ。

マツタケは人工的に栽培できない。人間を含め動植物や菌類など複数種の密接な関係のなかで育つ。チンは、それを人間と非人間の「意図しえぬ設計」の過程として描く。

マツタケが育つには樹木のマツが欠かせない。そのマツ林を維持するには、人間が木を伐《き》り、林産物を得るために林を利用しつづける必要がある。なぜか？

マツタケなどの茸《キノコ》は、菌類が胞子を放出するために菌糸を集めてつくる子実体《しじったい》だ。菌根菌の一種であるマツタケは栄養を得るためにマツの根に寄生する。そのマツは木が伐られた荒廃した土地を好む。広葉樹が茂る森では日光が遮られて弱ってしまうのだ。

マツが極端な環境で生育できるのも菌根菌のおかげだ。マツタケは強い酸性物質を分泌して土壌の岩や砂を分解し、マツの成長に必要な栄養素を分泌する。代わりにマツは短い側根を出して菌根菌を養う。鳥がマツの実をついばむことで種子を拡散する役目も担う。

こうした複雑な生命の連関のなかで里山にマツタケが生え、日本の食文化となった。だが、いまや日本ではマツタケがとれない。東南アジアから安い木材が流入した結果、日本の山林が放置され、広葉樹が増えたのだ。豊かな森がマツタケの住処《すみか》を奪った。

別の影の主役が北米由来のマツノザイセンチュウという線虫だった。二〇世紀初頭、米国から輸入されたマツと一緒に長崎に上陸した。日本の工業化で木材需要が増えたことが背景にある。この線虫、自分では移動できない。なので、密《ひそ》かにカミキリ虫に飛び乗って日本中に広がった。

日本のマツにとって外来種である線虫は「殺し屋」と化した。健康な状態なら線虫がついてもマツは枯れない。それが密集や光不足、肥沃《ひよく》すぎる土壌といった条件がそろうと、マツは簡単に線虫の餌食になる。こうして日本でマツ林が減り、マツタケも姿を消した。すると今度は、マツタケを食べる習慣のない米国のオレゴン州や中国の雲南省でマツタケ採りビジネスが活発化した。資本主義を駆動させているのは、菌や虫、動植物たちの働きでもある。

世界はこうして生命の連関のなかで「制作」されていく。人間はその協働関係に寄生して生き延びているようなものだ。人間の社会や文化は人間の力だけでつくられているわけではない。現代の人類学は、この脱人間中心主義の思考を深めようとしている。

新型ウイルスの出現も、おそらくは人間活動がさまざまな生命の連鎖のなかで引き寄せた結果だ。私たちは問題に直面すると、それに目を奪われて視野が狭くなる。人間を襲う「敵」としてウイルスをみると、恐怖に怯《おび》えるしかない。でも人間以外のものに視点を置くと、世界の見え方が変わる。そんな視点の「ずらし方」も、人類学的なセンスだ。

日々、感染者や死者の数が報じられ、気持ちが暗くなる。家族で食卓を囲んでいたとき、六歳になった次女がつぶやいた。「もうココナッツ・ウイルス、やだ！」。呼び名が変わるだけで、ずいぶんチャーミングになる。わが子にも「ずらし」の素質がありそうだ。

（二〇二〇年五月二二日）

2.「意図しえぬ」連関で作られる世界

観音像に見守られながら

小学校の六年間を過ごした家は、祖父が住職を務める寺の裏にあった。家の周囲はお墓だらけだった。慣れてはいたものの、夜暗くなると、びくびくしながら本堂の横の暗がりを走り抜けた。従兄弟《いとこ》たちと遊ぶときは、自分のお気に入りの墓を「基地」に見立てて遊んだ。

本堂の奥の納骨堂に下りる階段の横に閻魔《えんま》像があった。真っ赤な顔にぎょろっとした目と太い眉毛。大きく開いた口は、まるで怒声を発しているかのようだ。子ども心に怖くてしかたなかった。

寺の駐車場はボール遊びにうってつけの広場だった。正面に小さな観音堂があって、なかに古びた観音様の像があった。衣装はぼろぼろで顔や腕などにも亀裂が走っていた。でもその穏やかで艶《つや》やかな表情は、どこか祖母にも似て、あたたかみを感じさせた。遊んでいてもなんとなく気になって、ときどき格子戸からのぞき見ていた。

その観音像が、幕末から明治に活躍した生人形師《いきにんぎょうし》、松本喜三郎の作だと知ったのは大学生になってからだ。アメリカのスミソニアン自然史博物館にも作品が収蔵された名匠の作品だった。現在は修復されて本堂に納められている。

当時、遊ぶ子どもを大人が見守るなんてことはなかった。でも自分は恵まれたことに、人間を超えたいろんなものたちに見守られながら遊んでいたのだ。

3．PCR誕生の物語　人間の顔した科学技術　何がどう役に立つのか

新型感染症の蔓延《まんえん》は、ウイルスだけでなく、あらたな科学技術とどう生きていくか、という問いを私たちに突きつけている。いまや多くの人が毎日のように耳にする「PCR検査」も、そのひとつだ。

PCR＝ポリメラーゼ連鎖反応は、一九八〇年代に米国のバイオテクノロジー企業、シータス社で「発明」された。ポリメラーゼという自然の酵素を使い、DNAなどを短時間で急速に増幅させる技術だ。

文化人類学者ポール・ラビノウは『PCRの誕生』（渡辺政隆訳、みすず書房）という民族誌（エスノグラフィ）で、その舞台裏を克明に描いている。現代の人類学は、こんな科学技術の現場もフィールドにする。

シータス社の研究員だったキャリー・マリスは、PCRを発明した功績で一九九三年にノーベル化学賞を受賞した。ところが、この「発明」の経緯は単純ではない。PCRの概念を思いついたのはマリスだが、彼自身も「すでにあった複数の要素を合体させた」と語るように、PCRを構成する技術は既存のものだった（実際、特許無効を求める訴訟も起きた）。しかも、マリスのアイディアから特定の技術を組み合わせて実用化させたのはシータス社の技術者たち

だった。

そもそも当時、バイオテクノロジー産業が発展した背景には、大学と企業の交流の活発化やそれを支える国の政策転換、膨大な研究費や投資マネーの流入があった。人類学者にとって、それはバイオサイエンスという研究すべきあらたな生活様式の出現だったのだ。

ラビノウは、当時の関係者に生い立ちから研究に関わった経緯などをインタビューする。ＰＣＲ誕生の過程がそれぞれの視点から語られると、まるでいろんな遍歴をへたいくつもの人生の偶然の出会いが「発明」を導いたかのようだ。まさに人間くさいドラマに満ちている。

はみだし者だったマリスは、社内でまったく人望がなかった。チームワークを嫌う彼は、たびたび上司や同僚と衝突した。一九八三年八月に社内のセミナーで初めてＰＣＲの発表をしたときも、大半の者は途中で退席した。彼が無謀なアイディアを吹聴するのはよくあることだったからだ。

一九八四年六月の研究集会のあと、マリスと同僚が怒鳴り合いのケンカになった。研究員たちはマリスを解雇するよう、会社幹部に強く要請した。彼をシータス社に誘った上司のトム・ホワイトは、みんなの不満をよそに、マリスを責任者からはずすかわりに、ＰＣＲの研究を続ける時間を与えた。多くの者は彼の研究に見込みがあるとは思っていなかった。そもそも何の役に立つのか、その用途も明確ではなかった。

別の責任者が率いる研究グループでPCRの実験が重ねられた。そこで博士号をもたない腕のいい実験助手たちが半年かけて実験を成功させる。だが成果の公表をめぐって混乱が続き、結局、マリスは退社。やがて別の内部対立なども起きて経営が傾き、一九九一年、シータス社は買収され、PCR技術も売却された。

天才科学者が独創的なアイディアを思いつき、難問が解決される。誰もがそんな逸話が大好きだ。でも科学技術の「発明」には無数の偶然の出来事が絡み合っている。人類学は、その複雑な現実を複数の異なる文脈をふまえながら解きほぐそうとする。

PCRは何かの問題を解決するために考案されたのではなく、実用化されたあとに適用できる問題が出現した。ラビノウはそう指摘する。しかも、私たちはその「発明」が問題をすぐ解決するわけではないことも知っている。新型ウイルスに対してどの程度PCR検査を実施すべきか、検査体制や人員の配置、陽性者の扱いなど、各国の対応は分かれ、議論が続いている。

役に立つ学問をすべきだという風潮は根強い。だがPCR誕生の物語は、何がどう役立つのか、一概には決められない現実を示している。発明のプロセスが人間的なドラマになるように、その技術を使う現場でも、感情をもった生身の人間どうしの泥くさい試行錯誤や調整が欠かせない。科学技術は人間の顔をしている。それが、科学が人類学の問いになる理由でもある。

（二〇二〇年六月一九日）

3．ＰＣＲ誕生の物語

壊れてわかった大切なもの

中学入学と同時に熊本市東部に引っ越した。あたらしい家が建ち並ぶ新興の住宅地だった。同級生も、どこか都会的でみんな賢そうに見えた。「それは自惚《うぬぼ》れだよ」。そんな聞いたこともない言葉を話すクラスメイトに衝撃を受けた。

新居での生活をはじめてすぐ、新緑のきれいな時期だった。校門の桜並木の若葉が涼やかな風に揺れていた。なぜか、そのとき頭にいくつかのフレーズが浮かんだ。家に帰るとすぐ手帳に書きつけた。何かを言葉で表現したいと思った最初の瞬間だった。

読書に目覚めたのは、それからしばらくたってからのことだ。夏目漱石などの小説を読み耽《ふけ》った。高校受験の直前も現実逃避から遅くまでベッドに潜り込んで読みつづけた。

その中学高校時代を過ごした家は、もうない。二〇一六年四月の熊本地震で大規模半壊となり、一年後に解体された。すぐ近くに空き家同然だった祖父母の家があり、両親はそこに移った。

更地になったあとは、あっけないほど庭石ひとつ残っていなかった。母は、そこで近隣の顔見知りと花や野菜を育てる小さな農園をはじめた。

地震のとき、ひとり家にいた母は近所の人に声をかけてもらい避難所の中学校に逃れた。地震は、たくさんのものを壊した。でも壊れてはじめて、ほんとうに大切なものは何かがあらわになったのだと思う。

4. 感染症の危機　気付きは現場から 低い視点で世界見る

二〇二〇年七月二四日。この日、東京オリンピックの開会式が予定されていた。いまも組織委員会のウェブサイトには「世界最大規模のセレモニーに向けて、日本・東京を世界にアピールするために」という文言が残されている。

本来なら、開会式を直前に控え、新聞もテレビもオリンピック一色で、日本中が盛り上がっていたはずだ。もはやそんな雰囲気はひとかけらもない。直径〇・一マイクロメートルの新型ウイルスの出現が、私たちの目の前に広がる世界を一変させてしまった。

オリンピックが感染症の脅威にさらされるのは、今回が初めてではない。前回のブラジル・リオデジャネイロ大会でも、ジカウイルスによる感染症が問題となった。WHOが「国際的に懸念される公衆衛生上の緊急事態」を宣言したのは、大会開催半年前の二〇一六年二月一日。今回の新型コロナウイルスの流行に対して一月末に緊急事態が宣言されたタイミングとも重なる。

さらにこのジカ熱がブラジルに上陸した原因も、スポーツの国際大会にあると言われている。ジカ熱は二〇一三年に仏領ポリネシアで大流行していた。それが二〇一四年に開催されたサッカーW杯でブラジルにもたらされた可能性があるのだ。

ブラジルの人類学者デボラ・ジニスがこのジカ熱について書いた民族誌『ジカ熱　ブラジル北東部の女性と医師の物語』（奥田若菜・田口陽子訳、水声社）が二〇一九年に邦訳された。ジニスは、未知の感染症の原因をつきとめた医師や小頭症との関連をあきらかにした産科医、ジカ熱に感染した女性とその家族などにインタビューを重ね、この本を書いている。

興味深いのは、異変に気づいたのが、いずれも現場にいた医師だったことだ。二〇一四年九月、ブラジルではチクングニア熱の国内感染が確認されていた。この感染症に対処するため北東部の保健・医療関係者がメッセージアプリでグループを立ち上げた。そこでのやりとりが、のちにジカウイルスの発見につながる。

医師たちは患者を診察しながら何かがおかしいと感じていた。感染症が専門のセルソ医師は、州内を動き回って病人を診察し、疫学の専門家と情報交換を続けた。そして当初アレルギーと思われていた症状が、蚊が媒介するウイルスによる感染症だと気づく。

原因が判明したあとも、わからないことが多かった。当時、ジカウイルスが胎盤を通して胎児の発育に影響を及ぼすとは考えられていなかった。神経小児科医のヴァネッサは、小頭症の新生児の増加を不思議に思い、医師たちと連絡をとりながら私費で各地の病院を回った。集められた症例は酷似していた。ジカ熱と小頭症が関連している疑いが強まった。

北東部奥地の産科医アドリアナも、妊婦の超音波検査を続けるなかで、母子感染が小頭症を引き起こすことを確認する必要性を感じていた。妊婦の羊水検査を研究所に依頼し、ジカウイルスが検出される。だがそれを保健局に伝えても聞いてもらえなかった。科学界では田舎の女性臨床医は低い地位にあったからだ。

ジカ熱の経験は、現在の状況と重なる。日本でも現場の保健所や医療関係者の献身的な働きがなければ、事態はより深刻だったかもしれない。強いリーダーシップを待望する声は大きい。だが感染症の危機では、現場の声を重視し、それを支える姿勢こそが重要なのだ。

ジニスは、この本を出版する前に、ジカ熱に感染した貧困地区の女性の実像を描いた民族誌映画を撮影し、公開している。中絶が犯罪とされるブラジルで、女性の権利を守る訴訟を支援する組織もつくった。「日本語版へのあとがき」で、ジニスは「女性たちの孤立に寄り添い続けることを決意した」と述べる。二〇一八年八月、最高裁の公聴会で中絶の脱刑罰化を求めたときに殺害予告を受け、現在、彼女は米国で亡命生活を送る。

人類学者は現場の声に耳を傾け、深く関与するなかで、ときに傍観者ではいられなくなる。人びとの目線に立つ。その低い視点が人類学者のレンズの置き場である。

（二〇二〇年七月二〇日）

Column

「アフリカは暑い」という願望

アフリカに調査に行く、と言うと、よく「暑いんでしょうね」と言われる。私が研究しているエチオピアは、大半が高地なので、涼しい場所が多い。いつも戸惑いながら、「たぶん日本のほうが暑いです」と返答する。

首都のアディスアベバは高度が約二四〇〇メートル。最高気温は年間を通して二〇度から二五度くらい。赤道に近く日差しは強烈だが、湿度が低いので、日陰にいれば快適だ。日本の夏のような蒸し暑さはない。

それにエチオピアは自然環境が多様だ。北東部の低地には、年間の平均気温が世界で最も暑いとされる場所もあるほどだ。とてもひとくくりにはできない。

「日本はアフリカより過ごしやすい」というイメージは、他の場所と比較してはじめて確かめることができる。よそのことを知らなければ、じつは自分たちのこともよくわからない。

人間は、つい自分を中心に世界を想像してしまう。「住めば都」は、住む場を「都」にしたいという願望でもある。アフリカには、日本より暑くあってほしいのかもしれない。

文化人類学は、調査するフィールドと生活するホームとを往《い》き来しながら、人間社会を考える学問だ。

いつもと違う場に身を置き、そこから自分たちを眺める。すると、意外な「私たち」の姿が浮かび上がる。その驚きが、人類学の楽しみ方でもある。

5. 「冷たい」社会　科学と別のやり方で自然に向き合う

今年も九州全域で大雨による甚大な被害が出た。二〇二〇年七月三日から四日にかけての集中豪雨では、球磨川流域を中心に熊本県南部の各地で二四時間の雨量が観測史上最大を記録した。「記録的豪雨」、「観測史上最大」、「数十年に一度の災害」。最近は毎年のようにそんなフレーズを耳にする。

いま私たちは自然とどう向き合うべきか、立ち止まって考えることを迫られている。人類学は、長い間、自然のなかで暮らす人びとの生き方や知恵から学ぼうとしてきた。いったい人間と自然との関係は、どう変化したのか？

二〇世紀を代表する人類学者のレヴィ＝ストロース（一九〇八～二〇〇九）は、一九六二年刊行の『野生の思考』（大橋保夫訳、みすず書房）で、「未開」や「野蛮」とされてきた人びとが近代科学に匹敵する知性にあふれていることを理論的に示し、世界に衝撃を与えた。冒頭には、一九五〇年代初頭に調査された石垣島・川平の研究も引用されている。

「子供でさえ、木材の小片を見ただけでそれが何の木かを言うことがよくあるし、さらには、彼ら現地人の考える植物の性別でその木が雄になるか雌になるかまで言いあてる。その識別は、木質部や皮の外観、匂《にお》い、堅さ、その他同種のさまざまな他の特徴の観察によって行われるのである。何十種という魚類や貝類にそれぞれ別の名がつけられているし、またそれらの特性、習性、同一種の中での雌雄の別もよく知られている」

レヴィ＝ストロースは、世界中の事例をあげて、人びとが動植物種に関する膨大な知識をもち、名前をつけ、精緻な分類を行っていることを示した。そこには知的欲求にねざした徹底的な観察と具体的で感覚的な特徴にもとづく因果関係のあくなき追究があった。それは科学に発展する前段階ではなく、それ自体が独立した体系をなす「具体の科学」である。レヴィ＝ストロースはそう主張する。

この「野生の思考」は、世界を秩序づける儀礼や神話を支えている。自然現象や人間集団の関係を説明可能にする認識体系でもある。「偉大なる分類家」を自認するアメリカ先住民ナヴァホは、動植物をきわめて細かく分類する。

生物はまず言葉をもつかどうかで二分される。動物は走るか飛ぶか這《は》うかで三群に分かれ、それぞれが地上か水上か、昼行か夜行かで分けられる。植物は、性別、薬効、外観の三つの性質に沿って命名され、さらに大きさでも三分される。

分類された動植物は、自然の要素と対応し、儀礼のなかで結びつけられる。たとえば、鶴は空、「赤鳥」は太陽、鷲《ワシ》は山、アメリカチョウゲンボウは岩、「青鳥」は樹木、ハチドリは植物、ヒラタムシは大地、鷺《サギ》は水といった具合に。こうした分類体系を理解してはじめて、なぜ彼らの儀礼や神話に多様な動植物が出てくるのか、それらがどんな役割を果たしているのかがわかる。

レヴィ＝ストロースは、この儀礼や神話にみられる野生の思考が、急激な変化を抑制し、社会の安定と連続性を維持していると指摘した。日本の民話も「昔々あるところに」ではじまる。年代や場所は特定されない。それは歴史上の出来事ではなく、神話の時空間に属しているからだ。

神話や儀礼は、つねに循環し原点に回帰することを促す。儀礼ではくり返し神話の英雄が演じられ、目の前の天変地異も神話をもとに説明される。そんな社会をレヴィ＝ストロースは「冷たい」社会と呼び、歴史的な変化を発展への原動力にする現代のような「熱い」社会と対比した。「冷たい」社会は「発展途上」でも、「遅れている」わけでもない。循環的な神話の時空間によって、社会を不安定化させる変化への欲求をあえて制御してきたのだ。

科学の進展は、自然をコントロールする知識を劇的に増やした。しかし人類はずっと科学とは別のやり方で自然に向き合ってきた。感覚的特性で世界を体系づけ、自然界の秩序を人間界の秩序に変換して社会を安定させる野生の思考。レヴィ＝ストロースは、それがいまも人類の知性の重要な一部をなしていると言う。その可能性をどう生かせばよいのか。半世紀以上前に投げかけられた問いが、いまもくすぶり続けている。

（二〇二〇年八月二一日）

5.「冷たい」社会

日本に生まれてよかった？

授業でアフリカの話などをすると、ときどき学生がこんなコメントをする。「私は日本に生まれてよかったと思いました」

素朴な実感なのはわかる。でも、がっかりする。私の伝え方のどこが悪かったのか、反省を迫られる。

大学生で初めてエチオピアを訪れたとき、それまでたくさん勉強してきたつもりだった。でも現地では、自分がいかに無知かをくり返し思い知らされた。

農民は枯れ枝を見ただけで、木の種類を言いあてた。その木がどんな性質で何に利用できるかを知っている。水や食料をどこで手に入れるのか、家畜をどう扱うか、子どもでもわかる。その生きるための知識には、いつも驚かされた。

それに比べて、私の「知識」の多くは生活とは無縁のものだった。それでも生きてこられたのは、整った社会制度やインフラのためだ。一人では何もできない。学ぶべきことはまだたくさんある。そう実感した。

日本に生まれてよかった。その言葉には、自分と相手を固定して、それ以上、相手への見方も、自分への見方も「一ミリも動かしません」といった響きがある。たぶん、その頑《かたく》なさからは「学び」は生まれない。

どっちがよいとか悪いとか、わかったような気になるのはまだ早い。ちっぽけな自分の殻を脱ぎ捨てて、あらたな世界と自分への見方を手にしてほしい。それをうまく伝えたいのだけど。

6.「違うこと」への恐怖心　統合と分化をへて「進歩」する文明

二〇二〇年八月二三日、米ウィスコンシン州で警察官による黒人男性銃撃事件が起きた。テニスの大坂なおみ選手は事件に対し、明確な抗議の意志を表明した。彼女は「私はアスリートである前に黒人女性です」と述べ、スポーツに政治をもちこむなという批判に「アスリートは政治に関わるべきでなく、ただ人を楽しませればいいと言われるのが嫌だ」「これは人権問題です」と毅然《きぜん》とした言葉で応じた。

人種差別は、いまも根強い。文化人類学は二〇世紀初頭の草創期から、この問題に取り組んできた。前回紹介したフランスの人類学者レヴィ＝ストロースは、第二次世界大戦後、亡命先の米国から帰国し、ユネスコ（国連教育科学文化機関）の組織した「人種に関する専門家会議」に参加した。一九五二年には、ユネスコの反人種主義を広める運動の一環として小冊子『人種と歴史』（荒川幾男訳、みすず書房）を刊行する。

この本には西欧中心主義を徹底して批判したレヴィ＝ストロースらしい人種問題への見解がつづられている。ふつう人種差別への批判は「人類はみんな同じ（だから差別はよくない）」となる。でもレヴィ＝ストロースは、逆に人類には驚くほど多様性があることを議論の出発点にする。

「人種」は肌の色や髪質など身体的特徴で人間を分類する概念だ。レヴィ＝ストロースは言う。人間には人種の数にはおさまらない何千もの文化的多様性があり、それは生理的身体的特徴とは無関係である。しかもその文化の差異は「分離」の結果ではなく、緊密な接触のなかで「分化」してきたのだ、と。

この人類文化の多様性を前に、私たちは進んだ文化と遅れた文化があるという「疑似進化論」に陥りやすい。レヴィ＝ストロースはその誤りを丁寧に解きほぐす。まずこの見解は、文化の差異を認めているようで、同じスタートから一つのゴールに到達するかのように諸文化を単一の発展段階に位置づけている。そこでの「差異」は見かけだけのものになる。

石器を使う民族がいると、数万年前のヨーロッパと同段階だとみなしてしまう。それは一部の要素の類似を文化全体に誤って反映させているからだ。しかも打製石器から磨製石器、金属器へという発展段階も正確ではない。それらは同時期に一緒に使われてきたし、磨製石器は打製石器からの進歩というより、近隣地域にあった金属器を石で模倣したものだった。

ヨーロッパとの接触以前のアメリカ先住民も、新石器時代のヨーロッパを思わせる。だが、ジャガイモやゴム、タバコ、コカ（麻酔技術の基礎）など新大陸で発展した植物利用がその後の西洋文化の支柱をなし、トウモロコシや落花生がアフリカの生業経済に革命をもたらした。他にもカカオ、バニラ、トマト、パイナップル、唐辛子など、新大陸起源の作物は一六世紀以降の世界を一変させた。そもそも人類は農業や牧畜といった約一万年前の新石器革命の発明にいまなお依存し、それを改良してきたにすぎない。「進歩」は一方向の必然的で連続的な変化ではないのだ。

列車の窓際に座る人からは、同じ方向に動く列車はゆっくりと、逆方向に動く列車は速く見える。文化の場合は、逆に同じ方向だと活動的、逆方向だと停滞的にみえる。しかし、それがほんとうに「停滞」かはわからない。繁栄を謳歌《おうか》し大型化した恐竜が絶滅したように、「進歩」だと思っている動きが破滅への道を歩んでいるのかもしれない。

西欧で産業革命が起きたのは偶然にすぎない。文明に進歩があるとしたら、諸文化の協働の結果だ。文化が違うからこそ寄与できる。多様な差異と不均衡のなかで、なお協働する。それは「みんな同じで仲よく」といった安穏としたイメージとは対照的に、統合と分化がせめぎあう矛盾と可能性に満ちたプロセスだ。

私たちは差異を安直に優劣に転換したり、人との違いを否定的にとらえ、同じであることに安心したりする。レヴィ＝ストロースの言葉は、そこに潜む「違うこと」への恐怖心を照らし出す。その怖《おそ》れが、黒人に銃を向けた警官の姿にも、大坂選手に投げかけられた非難の言葉にも見え隠れしている。

（二〇二〇年九月一八日）

土に帰らぬ「私たち」のゴミ

エチオピアの街中は、よく道端や空き地にゴミがあふれている。みんなポイッとためらいなくゴミを投げ捨てる。それを見て、最初は人びとに衛生観念がないのだと思っていた。

調査のためにエチオピアの農村で暮らしはじめると、家にはゴミ箱がなかった。村人は、ただ土間の床に落とすだけ。それを毎日、女性たちが床を掃除して、庭の隅などに捨てていた。

はじめはすごく抵抗があった。だが、郷に入れば郷に従えだ。私も遠慮がちに、ゴミを床に捨ててみた。

翌朝、裏庭のゴミ捨て場を見ると、私の捨てたものだけがやたらと目立つ。薬の包装シートも、日本からもってきた栄養補助食品の袋も、どれもすぐには土に帰らないものばかりだ。

村人が捨てていたのは、物を縛る紐《ひも》は植物の蔓《つる》だし、歯ブラシは木の枝。おやつ代わりのサトウキビだって、食べた後に残るのは硬い皮くらい。

それを見て気づいた。都会ではプラスチックの容器や袋などが大量に出回って、すぐには消えないゴミが増えた。でもかつては、そのまま捨てても土に戻るものしかなかったのだ。

僕らは人の振る舞いをついその人の性格や国民性の問題にしてしまう。だが少し状況が変わるだけで、同じ行いが「おかしい」ものに見える。問題はゴミを捨てる彼らにあるというより、プラスチック製品を大量生産してきた「私たち」の側にあったのだ。

7. レイシズム　背後に放置された社会の不公正

二〇二〇年九月末、米大統領選挙に向けた最初の討論会が開かれた。トランプ大統領が白人至上主義者の団体を非難せず、「引き下がって、待機するように」と発言したことが話題になった。人種問題は、大統領選の大きな争点のひとつだ。

アメリカの文化人類学者にとっても、それは克服すべき長年の課題だった。二〇二〇年四月、ルース・ベネディクトが一九四二年に刊行した『レイシズム』(阿部大樹訳、講談社学術文庫)の邦訳が出た。ベネディクトといえば、傑出した日本人論『菊と刀』で知られる人類学者だ。

ベネディクトは、本書の「まえがき」をあるエピソードからはじめる。大学の講義で人種主義に科学的根拠はなく、国や民族に優劣などないと説明を終えて教室を出ようとすると……。

「そのとき誰かがふと立ち上がって、「でもそうは言っても、ニグロと白人は違うじゃないですか?」(「ニグロ」のところが、「ジャパニーズ」であることも「インディアン」であることもあるが、いずれにせよ)こうなると、人類学者はもう一度、例の言葉を繰り返さなくてはならない。人種間に差異があることと優劣があることとは違います、差異については科学の対象ですが、生物学的に優劣があるなどというのは無根拠な偏見です、と」。

文化人類学を教えていると、日本でも同じような経験をする。人種主義＝レイシズムがなぜ蔓延しているのか。それに終止符を打つにはどうすればいいのか。ベネディクトは、この問いに答えるために本書を執筆した。

彼女は、身体的特徴を理由に戦争や大規模な迫害をするレイシズムがヨーロッパ文明で生まれたとしたうえで、「人種とは何ではないのか」から説明をはじめる。それは言語や文化、民族や国境とは関係がない（だから「日本人という人種」といった言い方は誤りだ）。ナチス・ドイツが好んで使った「アーリア」は、古代インド語からスラブ語や英語などを含むインド＝ヨーロッパ語族を指す言語学上の概念で、頭の形や髪の色などとは関係なかった。そもそも先進的と考えてられてきたヨーロッパ文明は、エジプト、インド、中国、中東など、さまざまな民族や文化がともにつくりあげたもので、特定の人種だけの功績ではない。

ダーウィンが示したように、生物学的な「種」の概念は交配可能な生物の集団を意味している。つまり人類内部に異なる「種」は存在しない。それでも皮膚や毛髪、瞳の色、鼻の形など、一九世紀にはさまざまな人間の分類があらゆる領域に浸透した。それらの身体的特徴は、絶え間ない人類の移動と通婚の結果である。純粋な人種や○○人がいるなど、幻想にすぎない。

レイシズムは、ナショナリズムの時代となった二〇世紀に「錦の御旗」となった。一九世紀末に普仏戦争に敗れたフランスでは、フランス人とドイツ人は祖先が異なるという俗説が唱えられた。ドイツの側でも、古代ゲルマン人の末裔としてのドイツ人の優秀さを主張する都合のよい説がでっち上げられた。そうした動きがナチスのユダヤ人迫害にもつながる。

ベネディクトは、レイシズムが国家の政治的な利害関係からつくられ、煽られるという。「現代というナショナリズムの時代には、レイシズムは政治家の飛び道具である」。

ベネディクトは、人種差別の本質は、人種そのものにはなく、社会の不公正がまねく対立にあると論じる。だから不公正を是正し、差別につながる社会状況を最小化することが重要だ。少数派も多数派も生活が保障され、将来への不安が消えれば、人種差別は減らせる。逆に他国民への恐怖を煽ったり、特定の人を辱めたり、社会参画を阻害したりすれば、対立は激化する。つまり、誰もが取り残されないという意味での民主主義をきちんと機能させる必要がある。

二一世紀の日本でも、レイシズム的な特定の人を排除する言動はなくなっていない。それはかならずしも差別する側やされる側に問題があるわけではない。対立の背後には、社会の不公正と生活への不安が放置されてきた状況がある。分断は政治的にも利用される。レイシズムの根底には政治の責任がある。それが今も昔も対立や差別が生み出される構図なのだ。

（二〇二〇年一〇月二三日）

7．レイシズム

多様な源流、日本文化とは

大学の授業では自分がエチオピアでやってきた研究についてはほとんど話さない。いま知りたい課題を勉強しながら話すことが多い。

大学は、何かを知っている人が知らない人に教える場ではない。教員と学生がともに学び考えながら、答えのわかっていない問いをわかろうと追究する場だ。高等教育を「研究者」が担う意味はそこにある。

今期、担当している講義のテーマは日本文化だ。民俗学者の柳田国男やドイツの日本研究者ネリー・ナウマンの著作を読み解きながら、仏教や神道以前からあった日本の宗教や文化の源流を探ろうとしている。

柳田は、日本の祭りなどの年中行事には、山の神が春に里におりて田の神になり、秋に山に戻るといった古代の信仰が広くみられると指摘した。仏教などの影響で形を変えながら、いまも各地に残っている。

ナウマンは、この山の神への信仰が縄文の狩猟文化と弥生時代に渡来した農耕文化との混淆《こんこう》だと論じた。山の神を動物の主《ぬし》とする日本の狩猟民の観念は北ユーラシアの狩猟民と一致する。農耕民の祖霊信仰や綱引き、火祭りなどの文化は古代の中国南部や朝鮮半島と共通している。

日本文化の源流に純粋な「原型」があるわけではない。むしろ現在の国境をこえて大陸へと広がる複雑なルーツが見えてくる。そもそも日本列島に暮らす私たちは何者なのか。それは、未知の問いなのだ。

8．民主主義への誤解　誰かが「負ける」を避けるのが政治

民主主義とは何か？　いまこの問いが切実さを増している。日本学術会議の会員候補六名が任命拒否された問題では、その理由が説明されないまま、つじつまの合わない国会答弁が続けられている。この任命拒否を擁護する意見の多くは、選挙で国民に選ばれた政治家が判断を下すのが民主主義である、というものだ。

私自身、民主主義とは選挙による多数決だと思ってきた。でも、かならずしもそれは正しくない。そう教えてくれたのが、二〇二〇年九月に急逝した人類学者デヴィッド・グレーバーだ。彼は『民主主義の非西洋起源について』（片岡大右訳、以文社）で、民主主義が国家権力を行使する代表者の選出を意味するようになったのは、近年のことにすぎないという。もともと民主主義（デモクラシー）とは、民衆（デモス）の力／暴力（クラトス）を意味し、歴史上、エリート層にとって民衆の暴動や暴徒支配を指す言葉だった。権威主義的な体制下では、一般民衆が自分たちの意志を表明する唯一の方法が暴動しかなかったからでもある。

一般に、民主主義は古代ギリシャ以来の西洋の伝統だと信じられてきた。しかしグレーバーは、そもそも歴史的に一貫した「西洋」など存在せず、時代を遡《さかのぼ》れば、西洋諸国でも民主主義はずっと否定的なものだったと指摘する。

古代ギリシャは、歴史上もっとも競争的な社会のひとつだった。運動競技も哲学や悲劇も、すべて公の場でなされる競争に仕立てられた。グレーバーはそれが、政治的意思決定が公の場での採決になった理由ではないかという。重要なのは、その決定が武装した民衆によってなされていたことだ。多数を決める採決とは、乱闘になったら、どちらが勝つかを明確にする行為であり、力による「征服」と同義だったのだ。

この民主主義という言葉が欧米で一般に用いられはじめたのは一九世紀半ば、西洋列強が広大な植民地を手にした時期だった。地球規模の暴力的侵略が進み、国内では民主的な大衆運動が抑圧されるなかで、民主主義の理想が西洋起源だという理論がにわかに広まった。

グレーバーは、この大きな変遷を経てきた民主主義のひとつのルーツを、世界中のさまざまなコミュニティで実践されてきた同意を得るコンセンサス・プロセスに見いだしている。

コンセンサスによって意思決定する社会では、採決は最悪の選択になる。誰かが「負ける」からだ。それは屈辱や憎しみを増幅させ、最終的にはコミュニティを破壊しかねない。とはいえ全員一致を目指すわけでもない。誰もがその同意を拒もうとまではしないような、反対意見の人も消極的に黙諾しうるような、妥協と意見のすりあわせが重要になる。当然、多数決よりも高度な政治的技量と対立を煽《あお》らない思慮深さが求められる。

採決をして多数派の意見に全員が従う多数派民主主義が機能するには、反対者に一方の意見を強要する強制装置が欠かせない。それが国家だ。一九世紀半ばに近代国家が民主主義を掲げたのは、その強制装置による国内外での暴力行使を人民の名において正当化するためでもあった。

グレーバーの示す民主主義像は、私たちの身近な問題にも直結している。二〇二〇年十一月一日、大阪市の廃止と特別区の設置を問う住民投票が行われ、一・二ポイントの僅差で否決された。反対派は「勝利」を喜び、賛成派は「敗北」に肩を落とした。しかし賛成派も反対派も同じ市民であることに変わりはない。目の前の課題が選挙の勝敗で解決されるわけではない。どんな方策があるか、ともに知恵を出し合って議論していくほかない。それが政治だ。

グレーバーは、古代ギリシャで重要な公的行事だった政治集会が、権威主義的なローマでは剣闘士の競技などのサーカスに置き換わったという。米国大統領選挙後の混乱をみても、選挙だけが過大視される勝敗民主主義の危険性はあきらかだ。それは競技場での見世物のような熱狂をもたらし、同時に敵味方の分断を生む。そして勝負がつけば、やがて人びとはショーが終わったかのように関心を失う。そこから政治がはじまるにもかかわらず。

グレーバーの洞察は、選挙に勝てば何をやってもいいかのような政治家の言動がいかに危ういか、多数派が勝者とされ、その意向だけが政治に反映されることが社会にどれほど破壊的な影響をもたらすか、私たちに考えるよう突きつけている。

（二〇二〇年一一月二三日）

８．民主主義への誤解

葬式の支え合い、国内外同じ

私が調査してきたエチオピアの村では、イスラーム教徒であるムスリムとエチオピア正教などのキリスト教徒が隣り合って暮らしている。

他地域の宗教対立で緊張が高まる時期もあったが、基本的には互いに配慮しながらともに生活している。それぞれの宗教の祝祭日にはお祝いを述べに近隣の家を訪ね合う。キリスト教徒の家は酒を飲まないムスリムの来訪者のため、大麦を炒《い》ってつくったアルコールのない飲み物を用意する。

村で死者がでると、宗教にかかわらず、みんなで墓掘りをする。最後の祈りは宗教ごとに捧げられるが、違う宗教の者たちも遠巻きにそれを眺め、哀悼する。

親族を亡くした家は一週間、喪に服す。けっして小さな村ではないが、すべての村人が宗教にかかわらず、遺族を弔問に訪れる。それほど親しくなくても、たとえ数分でも、黙って遺族のそばに座る。服喪のあいだ、つねに遺族に誰かが寄り添い、食事の準備も水くみも薪拾いも、すべて近隣の葬式組のメンバーが交代で行う。死を悼むことに、宗教も親族かどうかも関係ないのだ。

　最近、学生が調査に入った岡山県北部の集落にも、同じような葬式組が残っていることを知った。両隣の家が主導し、組の者が協力して葬式などの一切を執り行う。エチオピアの村は遠く離れた異世界ではない。そこには私たち自身の姿もある。

9．イタリアの医療崩壊　効率性の危うさ 日常の「耕し」が鍵

激動の一年が暮れようとしている。去年の今頃、やがて世界中がパンデミックに翻弄《ほんろう》されるなど誰が予想できただろうか。世界は不確実だ。あたりまえに感じていた日常のほうが例外なのだと、あらためて思い知らされる一年だった。

感染症の蔓延《まんえん》という危機のなかで、日本の文化人類学者たちもさまざまな発信をしている。なかでも、イタリアの精神医療を研究してきた松嶋健の「イタリアにおける医療崩壊と精神保健　コロナ危機が明らかにしたもの」（『現代思想』二〇二〇年八月号所収）は、日本の現状を考えるためにも多くの示唆を与えてくれる。

ヨーロッパで最初に感染が拡大したイタリアでは、一部の地域で深刻な医療崩壊が起きた。松嶋は、それが一大産業集積地であるロンバルディア州だったと指摘する。原則無料の公的医療が提供されるイタリアで、同州はいち早く先進的な保健医療システムを導入したことで知られる。それは公的医療に民間企業の経営手法を導入し、州ごとに保健医療の目的や報酬を決められる制度改革だった。結果、同州では民間病院が半数を超え、神経外科や心臓外科といった収益率の高い高度医療の拠点が次々と整備された。

「稼げる医療」の優先で、地域医療や家庭医といった公的医療を支える地域ネットワークが

ないがしろにされた。家庭医との連携のない感染者は直接病院に行くしかない。そして病院で感染が広がる。当初、民間病院は感染者の受け入れを拒み、病床を提供したのは事態が悪化したあとだった。民営化された高齢者施設では州からの支援もなく独自の対応を迫られた。さらに病院の病床を空けるために症状の軽い高齢患者の受け入れを要請され、多数の高齢者が施設で亡くなる。緊縮財政で保健医療費が大幅に削減されるなかでも、地域の保健サービスが機能している州では持ちこたえていた。松嶋は、「独自の新自由主義的な政策によって地域保健を空洞化させていたことが（医療崩壊の）大きな要因であった」と分析する。

イタリア全土でロックダウンが開始された二〇二〇年三月一一日、ロンバルディア州の経団連は、生産活動を止めれば海外市場を失うと声明を出し、政府も生産活動休止令の適用除外を一部の産業に認めた。同州では経済を動かすために、多くの企業が操業を続けた。経済か、人命か、イタリアでもそのジレンマにさらされた。

医療現場では、限りある人工呼吸器を誰が使うべきかという究極の選択を迫られる事態になった。松嶋は、この人命か経済か、どの命を優先すべきか、といった二者択一の手前で何がなされ、何がなされなかったかが重要だという。

経済合理性の名のもとに保健医療サービスが民営化され、医療資源や人員が削減された。それが現場の医療者に究極の選択を強いる結果になった。日本でも政治家が緊急事態に苦渋の決断を下す姿が注目を集める。しかし、そうした事態に追い込まれないようにするのが本来の政治の役割だ。

松嶋は、一九七八年のバザーリア法で精神病院を全廃したイタリアの精神保健改革にヒントを見いだす。それは緊急性の論理をどう抜けだすかという視点だ。精神病院への入院は緊急性の論理（自殺や危害を加える危険性など）から正当化されてきた。そこで精神病院をなくし、精神保健センターを中心に地域で利用者の生活を支える仕組みに転換した。

イタリアの地域保健では「緊急性」の論理にかえて、「ゆとり」を意味する〈agio〉が目指されている。病状が進行してからでは医学的に対応せざるをえない。だから、常日頃から関係性や場を豊かに「耕しておくこと」に重点がおかれる。

一刻を争う決断の手前で、いかに時間をかけて地域のなかで相互的な人間関係や場を築いておけるか。松嶋は、それが多様な意見に耳を傾け、じっくりと交渉し妥協点をみいだす民主制そのものだと指摘する。追い込まれた末の「決断」など政治ですらない。

行政の効率化やコスト削減が改革だとされる。だがムダを排除した効率性にもとづくシステムは、いざというときに脆《もろ》い。日本でもそのことを痛感させられている。危機に対処する鍵は、絶え間ない地道な日々の積み重ねにあるのだ。

（二〇二〇年一二月二一日）

9．イタリアの医療崩壊

村人たちのお節介をみて

二〇一八年一月、一年半ぶりにエチオピアの村の農家を訪ねると、近所に住む異民族の夫婦がやってきた。挨拶《あいさつ》を交わしたあと、男性は黙って椅子に腰かけた。

コーヒーの準備ができた。男性の奥さんがカップを洗い、注ぎはじめる。何か相談事でもあるのかと思っていたが、世間話をして帰っていく。聞くと、私がひさしぶりに村を訪ねたことへのお祝いを述べに来たのだという。

入れ違いに農家の親戚の男性が来る。甥《おい》っ子が病気の治療を終えて町から戻ったそうだ。コーヒーを飲み終え、家族の一人とお見舞いに行く。村では知り合いが病気になると、かならず訪ねる。すでに五、六人の村人が見舞いに来ていた。口々に「病院での治療はどうだった?」などと聞く。

夕方、女性の大きな叫び声がした。男性たちはさっと上着を羽織り、長い杖のような棒をもって行く。どうも夫婦げんかのようだ。

親にぶたれた子が泣く声が聞こえてくることもある。そんなときも隣人が仲裁に入る。もめごとも警察などにゆだねず、双方が年長者を呼んで話し合いで妥協点を探る。互いにお節介《せっかい》なほど関わり合う。村にプライバシーはない。

人知れず幼い命が失われる事件がくり返されている。面倒な近所づきあいを避け、隣人の抱える問題への対処を他人任せにする。そんな快適さを求める私自身の欲求も、悲惨な事件と無関係とは思えない。

10. 暮らしに入り込む数字 「羊飼い」の視点で消された個別の生

あらたな年が明けたのに、気分の晴れない日がつづく。毎日発表される数字の上下に気持ちまでかき乱される。都道府県や市町村ごとに集計され、公表される感染者数、重症者数、死者数……。そんな数字が暮らしや心のなかに入り込み、日々の営みを左右する。ウイルスよりも、むしろこの「数」との向き合い方を問われている気がする。

医療人類学者の磯野真穂は、二〇二〇年五月、緊急事態宣言下で緊急出版された『新型コロナ 一九氏の意見』(農文協)のなかで、こうした状況への違和感を表明していた。多くの人は自分で体験したわけでもないのに、情報だけで不安になり外出などを控える。「それは、日々私たちがテレビや新聞、SNSなどのメディアに流れる数字、統計予測、映像を通じてその情報を得ているからである。デジタルを媒介した視覚情報が私たちに恐怖を擦り込んでいる」

個人の身体に関する情報が数値化され、統計によって未来が予測される。自分の身体感覚よりも、その予測に従うことが求められる。二〇世紀後半から進行してきたこの傾向が今回、一気に世界を覆った。磯野はそれを「統計と映像が、健康を掲げて身体を駆逐した」と表現する。

さらに磯野は豚コレラや鳥インフルエンザによって豚や鶏が殺処分されることに言及する。実際その後、鳥インフルエンザで何十万羽という鶏が殺処分される事態になった。ほとんどの人はその残酷さから目を逸《そ》らす。でもほんとうに目を背けたいと思っているのは、私たちが科学の力でつくりあげたと信じる社会が安心・安全ではなかった事実なのではないか。磯野の言葉は、中立で客観的にみえる「数字」の背後で、深刻な問いが覆い隠されたままであることをえぐりだす。

同書に寄稿したもう一人の人類学者の猪瀬浩平は、緊急事態のなかで一人一人の固有の経験がかき消されることへの戸惑いをつづる。「もしコロナウイルスに感染したとしたら、私は匿名化され、しかしその行動履歴だけは遠慮もなくトレースされて世間にさらされる。……私の身体も、私の経験も、今は私のものではないように感じている」。そこでは固有のかけがえのない存在として自分や他者を感知することが、ウイルスが奪ったものへの抵抗になる。

猪瀬は、誰もが「私だけの死」に向かう存在であるからこそつながりあえるという。そして感染が拡大するなか、祖母が曾祖父について聞かせてくれた話を母親と語ったエピソードにふれる。曾祖父の妹はスペイン風邪で夭折《ようせつ》した。半日ほど母親と一緒にいてさまざまな不安を語り合った猪瀬は、こんな状況だからこそ母親のことも、亡くなった曾祖父やその妹のことも、その存在をよりリアルに強く感じることができたという。

固有の存在として分割されながらも、それぞれの身に起きた出来事を共有することで結びつく。その文章からは、人類学がなぜ客観的な数値ではなく、人間の個別で具体的な生にこだわってきたのかが透けてみえる。

『現代思想』二〇二〇年八月号で猪瀬と往復書簡を交わした久保明教は、危機のなかで「羊」が「羊飼い」の視点を内面化するようになったと指摘する。本来、羊である私たちの多くは自分や周囲のことだけを気にかけて生きてきた。その羊が、群れ全体を把握してリスク管理しようとする羊飼いの視点をもつと、かけがえのない存在だったはずの自分自身を群れのなかの匿名な個体とみなすようになる。

数字で現状を把握し、感染拡大を恐れてマスクを着けて外出する。そのとき、人は集団全体の感染リスクを気にかける羊飼いの視点に立つ。そしてみずから進んで匿名な存在となる。こうしてあらわれた従来とは異なる「新型コロナ人間」がやがてふつうの「人間」の位置を占めるようになる。久保は、その変化への違和感すらも失われてしまう未来を暗示する。

人類学はときに主観的だとか、個別事例にすぎないと批判されてきた。でも同じ固有の存在として他者と関わるのには理由がある。政府が本来の「羊飼い」の役割を果たせないなか、刻々と感染者の数が報じられ、市民がその推移を気にかけて行動を自制する。そこで見失われ、いつの間にか変質してしまうものがある。人類学者のレンズは、その水面下の動きをとらえようと個別の生の文脈に潜りこみ、この移りゆく世界で生きる意味を探ろうとしている。

（二〇二一年一月二一日）

サーカス、生身のショーに感動

家族でサーカスを観《み》た。小学校に入る前に一度観に行って以来だ。そのときも木下サーカスだった。

木下サーカスは一九〇二年に中国・大連で創業、二年後に日本で最初の興行を岡山で行った。ルーツは岡山の旭座という芝居小屋にある。世界でも屈指の規模と動員力を誇る一団だ。

巨大な赤テントの内部に入る。薄暗い。外の炎天下とはまるで違う空気が充満する。かすかに獣の臭いがする。異次元の空間に迷い込んだかのようだ。

ショーがはじまった。音楽と光。その中心で人間の身体がしなやかに躍動する。動物たちが跳びはねる振動やその息づかいがじかに伝わってくる。感動で身震いがする。幼いころのかすかな記憶が蘇《よみがえ》る。でも懐かしさだけではない。こんな生身のエンターテインメントには、ひさしく触れていなかった。

いまはインターネットで世界中のおもしろい映像や動物の動画など、なんでも観られる。ただ、それはディスプレイ越しに間接的に鑑賞しているだけだ。サーカスには動物愛護の観点からの批判もある。安全上のリスクもある。でもその生身の直接性にこそ、サーカスの魅力はある。

思わず子どもそっちのけで歓声を上げ、力いっぱい拍手をくり返していた。気づくと、周りの観客の反応が薄い。生身をさらすパフォーマンスには、生身の身体で応じるべきだと思うのだが。

11. コロナ禍のフィールドワーク「ありきたり」を剝ぎ、自分の言葉で思考

大学では一月から二月にかけて修士論文や卒業論文の指導と審査が学期末と重なる。大学教員にとって、もっとも慌ただしい時期だ。この一年間、授業の大半がオンラインになった。人類学を学ぶ四年生も現場に通ってフィールドワークをするのが困難だった。だが今年の卒論生がお世話になった現場の多くは、こんな状況でも動きを止めていなかった。

自主夜間中学に講師ボランティアとして関わりながら調査を進めた学生の卒論には、最初の緊急事態宣言下で一カ月間休校したものの、細心の注意を払って学びの場が再開された様子が描かれている。

夜間中学には不登校や未就学、形式卒業、日本語習得のためなど、一〇代から八〇代までの多様な背景をもつ「生徒」が集う。一カ月の休校のあいだ、夜間中学が開かれる毎週土曜の夕方には、スタッフ数名が駅から学校までの道に「休校です」と書かれたプラカードをもって立った。事前に連絡していても間違って来てしまう生徒がいるからだ。

一年ほど前に偶然、講師ボランティアをはじめた学生は、そんな生徒たちの熱心な学びの姿勢に衝撃を受ける。「授業が待ち遠しくて」開始三時間前に来てロビーで漢字の復習をしていた七〇代男性。席が混み合っていたとき「立ってでも勉強しますから」と言い放った八〇代女性。そんな高齢者の隣で小中学生も机に向かう。

卒論では、夜間中学での観察や聞き取り調査をもとに「学校の存在意義とはなにか」「学びとはなにか」という問いが考察された。それは授業がオンラインになり、友人と学食でおしゃべりするような時間が失われるなかで「なぜ大学に行くのか？」という自身が直面した問いを考えることでもあった。

外国にルーツをもつ子どもたちを支援する施設でボランティアをしてきた学生の卒論には、二度目の緊急事態宣言のあとも活動が継続された経緯がふれられている。

宣言発令後の最初の活動日、そわそわしていたボランティアの不安をよそに、いつもと変わらぬ様子で子どもたちがやってきた。活動継続の要望があったわけではない。でも「コロナのなかわざわざ来る必要もない」場所なのに、子どもたちが通いつづけてくる。「居場所はやっぱり継続してあること自体に意味があると思う」。職員の一人はそう語る。何が不要不急なのか。それは一律には決められない。

この支援の現場に通いながら、卒論では「日本人」の学生ボランティアが関わる意味が検討された。子どもたちやボランティアどうしの交流のなかで他人事《ひとごと》だった問題が自分事と重なる。支援者と被支援者という固定した役割が崩れる。そんな経験をインタビュー調査で掘り下げることで、社会の見えにくい問題にどう「当事者性」をもてるのかという問いが考察された。

備中神楽をテーマに調査した卒論では、神社の秋祭りが中止や縮小されるなかで、地域住民が祭礼や神楽をどうとらえているかが浮き彫りにされた。

調査地では九つの町内会が一年交替で神社の祭礼の準備や運営などを担う当番組を務める。氏神様を一年間お守りする大当番の自宅には床の間に祠《ほこら》がおかれ、毎日欠かさずご飯と水が供えられた。神様が家にいるので、買い物に出るときは誰かが家に残り、旅行などにも行かないのだという。

神社の境内で行われ、地域の人が集まる宮神楽は中止されたが、大当番の家で行われる当番舞は実施された。各地で宮神楽が中止されるなか、力のこもった神楽が奉納され、例年より多くの地区住民が見守った。高齢化などで負担が増し、神事の一部はこの状況の前から簡略化されていた。それでも大事につづけられている営みがある。卒論ではその地域の人びとの神楽への想《おも》いが実感を込めて描き出された。

いつも学生のフィールドから私自身が多くを学ぶ。今年はとくにコロナ禍の貴重な記録にもなった。ただ卒論指導をしながら痛感するのは、フィールドワークをすれば何かがすぐにわかるわけではないということだ。調査したことを最初に文章にするとき、たいていありきたりな表現や既存の問題枠組に頼って、現場でつかんだはずのものをとらえそこねてしまう。やりとりを重ねながら、その「ありきたり」を剝《は》がしていくと、しだいに自分の言葉で事実を把握しなおし、思考できるようになる。その成長ぶりは見事だ。それは学生たちを快く受け入れてくれる地域の方のおかげでもある。毎年、卒論の時期を迎えるたびに人類学の教育的な意味を考えさせられる。

（二〇二一年二月一八日）

11. コロナ禍のフィールドワーク

アボカドを食べるサルを見て

ずっとエチオピアの調査でお世話になっている農家の庭に大きなアボカドの木がある。乾季には、空を覆うように広がる枝にたくさんの実がなる。今年一月に村を訪れたときも、ちょうど小さな硬い実がつきはじめていた。もう少しでおいしいアボカドが食べられるなと思って眺めていると、数匹のコロブスモンキーが黒と白のふさふさの毛を揺らしながらやってきた。

器用に細い枝を渡り歩いて手を伸ばし、緑の実を囓《かじ》りはじめる。私はとっさに足下にあった石をつかんで投げた。子どもたちが猿を追い払うときに発する「ジャスジャス！」という言い方をまねながら。

それを横で見ていた農家のおじいちゃんは平然としている。「あいつらアボカドの実がなると、あの木を住処《すみか》にしよるからなぁ」。そうつぶやくと、そんなことしても無駄じゃよ、といった様子。

老人の穏やかな顔を見ているうちに、なんで私はアボカドを食べられるのがそんなに口惜しいのか、疑問がわいてくる。アボカドは自然に実をつける。それをなぜ人間だけが独り占めすべきだと思うのかと。自然の恵みをいつの間にか自分たちの働きの成果だとみなしているのだ。

文化人類学の研究では調査者の主観も大切にする。そう感じてしまう自分の心の動きそのものが考えるべき問いである。

12. 東日本大震災から一〇年　差別や格差が「危機」で顕在化

東日本大震災から一〇年が過ぎた。ひとつの節目を迎え、当時を振り返る機会も増えている。でも、あのとき感じた「もう後戻りできない」という空気は、だいぶ薄れてしまった。いま私たちは別の「危機」に直面している。はたしてこれからの一〇年で何が変わり、何が変わらないのだろうか。

震災から二年後の二〇一三年三月一一日、三人の外国出身の人類学者が編者をつとめる『東日本大震災の人類学』（トム・ギルほか編、人文書院）が出版された。執筆者には人類学者にくわえ、記者やＮＰＯ代表、日本在住者も海外在住者もいる。いずれの章も現地での綿密なフィールドワークをもとに書かれている。

米国で医療社会学の研究や活動に従事していた森岡梨香は、震災直後に帰国し、宮城県で支援団体の職員として働きながら、被災した母親たちの調査をしてきた。

震災後、子どもを放射線被曝《ひばく》から守るために奮闘する女性の姿が各地でみられた。宮城県南部の町の保育園では、園庭で子どもを遊ばせることに不安を抱く母親たちが園長に働きかけたことで県や国が動き、ガイガー測定器が支給された。原発事故から三カ月が経過していた。森岡は「母親たちからの要求がなければ、政府はガイガー測定器など保育園に支給するつもりもなかったであろう」とつづる。

被災地では放射線の影響を心配しながらも「言ってもしかたがない」と不安を口に出さない人が多かった。森岡はその諦めの背後に「政府に任せておけば何とかなる」という姿勢があったと指摘する。

政府任せと行政の麻痺《まひ》のなかで、食材や水道の放射線汚染に不安を覚える母親は子どもに弁当や水筒をもたせるなど自衛するしかなかった。学校に訴えても無視される。夫にも理解してもらえない。それでも声を上げ、立ち上がったのは女性たちだった。ある母親は語る。「今回の地震で、行政にできることは限りがあると目が開いたんです」。声をあげ、行動に出ることで同じ思いの人が他にもいるとわかり、連帯の輪が広がった。

母親たちの政治的影響力は、いまだ家族の健康という伝統的な女性の領域に制約されている。それでも森岡は、その沈黙を破る勇気と行動が社会に求められていると論じる。

英国ケンブリッジ大学で日本研究をするブリギッテ・シテーガは、岩手県沿岸部で避難所となった体育館やお寺で調査を行い、危機に直面した人びとの日常に迫っている。

震災の後、避難所の入り口できちんと靴を脱いでそろえる姿が日本人の秩序を守る象徴として海外でも報じられた。だが実際は、津波の直後、避難した体育館で靴を脱ぐ人はいなかった。停電による暗さや寒さもあったが、シテーガは避難者が当初「体育館を『家《うち》』と見なしていなかった」と指摘する。誰もそこで長期間暮らすとは想像していなかったのだ。

時間がたち、人びとは入り口で靴を脱ぎ、スリッパに履き替えるようになった。電気も水道もなく、濡《ぬ》らした新聞紙をちぎって床に撒《ま》き、ほうきで掃くという昔ながらの方法がとられた。汚れた外と清潔な内とを区別することで、避難所が「家」と思える場所になっていった。

衛生状態と清潔さを保つためにも、水の確保は重要だった。長年使っていなかった井戸水が掃除や洗濯に重宝した。トイレの問題も重大だった。体育館では最初プールの水を汲《く》んで流していたが、停電で浄化槽が動かず、裏山や中庭に穴を掘って用を足すしかなくなった。しかも手を洗うきれいな水がない。排泄《はいせつ》さえ思いのままにならないことが人びとの気持ちを不安定にした。一方、お寺のトイレは電気や水のいらない汲みとり式だったので、問題は起きなかった。

体育館の避難所では、当初ボランティアや役場の職員などに任せていた掃除や炊事を班ごとに役割分担しながらやるようになった。ただし男性が台所に立つことはなかった。お寺では最初から家事を避難者がやっていたが、掃除などはほぼ女性の仕事だった。女性は下着の洗濯やトイレの問題などにくわえ、仕切りのない体育館で小さな子どもが迷惑をかけないよう気を遣《つか》うなど、さまざまな負担を強いられた。再就職先を探すのも、女性のほうが大変だった。

非常時にそれまでもあった構造的な差別や格差が浮き彫りになる。立場の弱い人に過剰な負担や不安が押しつけられる。いまの私たちの「危機」でも同じだ。その声をどう受けとめられるのか。それは人類学者自身の問題でもある。

（二〇二一年三月二二日）

12. 東日本大震災から一〇年

深夜の緊急速報、跳び起きた

激しい雨が降り続いていた。金曜日の深夜。突然、どきっとする大きな携帯のアラーム音が鳴り響いて跳び起きた。岡山市を流れる旭川が氾濫《はんらん》危険水位に達したという緊急速報だった。

部屋は一階にある。水が堤防を越えれば、床上まで浸水するかもしれない。寝ている妻に「避難しないといけないかも」と伝える。着替えや食料をバッグに詰め、キャンプにもっていく懐中電灯などの入った箱を車に積み込む。水位は上がり続けていた。

最後に寝ぼけたままの娘二人を乗せる。さて、どこに行こうか。判断に迷う。川から離れる方向に国道を進む。と、道路が広範囲に冠水していた。Uターンして近所の高台の小学校を目指す。考えずに入った住宅地の道も、用水路があふれて水浸しの状態だった。周囲より低い土地なのだ。はじめて自分が暮らす場所の地形を知る。自然に無知でいることの怖さを痛感した。

岡山は災害が少ない。何度も耳にした言葉だ。たしかに関東に比べると、驚くほど地震の揺れは感じない。でも戦後すぐの昭和南海地震では、震源から遠いにもかかわらず、県内で五〇人以上の死者が出た。水害も、一九三四年の室戸台風による洪水で多くの命が失われ、七二年や九八年にも大規模な水害を経験している。

どこでも災害は起こりうる。頭ではわかっていても、災害が少ないと信じたい誘惑には抗しがたいようだ。

13. 公共人類学の試み　誰が震災を語りうるか

東日本大震災から一〇年の節目も、次々に起きる出来事と情報の渦にすぐ飲みこまれてしまった。緊急事態宣言が解除され、聖火リレーがはじまったと思ったら、再び感染者が急増している。ブレーキとアクセルを交互に踏みつづける不安定な日々に終わりはみえない。

人類学者が調査して成果をまとめるのには時間がかかる。私もエチオピアに通い、一冊の本にするまでに一〇年かかった。震災と原発事故のあと、人類学者たちが被災地を訪ね歩き、関係を築きながら七年かけて出版したのが『震災復興の公共人類学』（関谷雄一・高倉浩樹編、東京大学出版会）だ。一般市民も執筆陣に加わっている。

編者の一人、関谷雄一は、序論で本書が人類学の立場から災害に立ち向かう市民の公共領域での闘いに焦点をあてると述べている。それが人類学の知見を社会に還元しようとする「公共人類学」の試みだ。

人類学の災害研究は一九五〇年代にはじまる。地震や台風、竜巻、津波など自然災害だけでなく、爆発事故や原油流出事故なども調査対象になった。災害が起きる前の社会のあり方が災害リスクとどう関係したのか、災害時の人びとの行動、災害後の社会や文化におきた変化など、現場への深い関与と長期的視野での研究がつづけられてきた。

前回紹介した『東日本大震災の人類学』の編者の一人でもあるトム・ギルは、福島県飯舘村で原発事故を経験した庄司正彦と共著で本書に寄稿している。問われているのは「誰が震災を語りうるのか」だ。震災後、表立って語るのは学者やジャーナリスト、政治家たちばかりで、被災者の言葉は、その分析対象となる「証言」でしかなかった。ギルと庄司は当事者と学者の壁を壊し、ともに原発事故の意味を探りながら、調査される側にも意味のある「公共人類学」の可能性を探ろうとする。

人類学者が被災者の役に立とうとすると、下手すれば上から目線の態度になりかねない。被災直後の惨状を伝える役割は理解されやすいものの、賠償金の問題など誰もが伝えてほしいとは限らない現実もある。ギルは、人類学者は控えめな態度で当事者の連絡手段に徹するべきだと述べて、庄司との対話を重ねる。

ギルは、まず美化されやすい「震災で奪われた故郷」が楽園だったのかと問う。庄司は、みながローンで買った農機の借金に苦しめられていたこと、酒や賭け事が好きだった父親が借金を重ね、酒がもとで亡くなったこと、炭焼きと出稼ぎが収入源だったこと、貧富の格差、福島第二原発で働いた経験など、生い立ちや生活の現実を赤裸々に語る。

地震が起きたとき、庄司は子どものころから教えられていた原発が安心・安全だという神話を信じ切っていた。三日間停電し、余震がつづいた。すぐ逃げられるよう家族五人で玄関近くの六畳間で雑魚寝し、「阿武隈山系は岩盤地帯だから地震には強いはず」といってみなを安心させた。ラジオもなく、携帯も通じず情報から隔絶された。

飯舘村は、原発から三〇キロ圏外だから大丈夫だと言われていた。ヨウ素剤も村役場に届いたが、住民には配布されなかった。四月二〇日、ようやく国から飯舘村に避難指示が出る。避難前に神社の修復を終えたところに「トム」が現れ、驚かされる。

彼らは五月末に村から車で一時間ほどの旅館に避難した。初夏は農作業の忙しい時期だ。突然、何もしなくてよくなったが、故郷が草ぼうぼうになることに罪悪感を覚えた。その後、仮設住宅に入る。村長は「二年間だから頑張って」と言ったが、七年後もそこで暮らす人がいる。

庄司は二年で中古物件を買って仮設を出た。母は高齢者仲間がいたので、さらに二年とどまった。賠償金を受けとった過程も詳しく説明される。仮設を出られたのも賠償金のおかげだ。だが庄司は故郷を捨てられない複雑な心境を明かす。土地を守れず先祖に申し訳なさもあった。

復興支援事業で花のハウス栽培をはじめ、震災後七年半で、やっと生きていてよかったと思えた。どの花を出荷するか考えるのが、日々の楽しみだ。「避難地域だからお金いっぱいもらったべ」と言う近所のおばあさんに、庄司は「この花じいちゃんに供えて」とよく花をあげる。「すまないね、いつもいつも」と受けとってくれる。

震災後の時間を人びとがどう生きたのか。白か黒か簡単には分けられない現実が淡々と語られる。庄司は最後に「トムと一緒にこの原稿を作るのは面白かった」とつづる。わかりやすい構図の言説は、ときに人びとの声を圧殺する。「連絡手段に徹する」。その意味がストンと腑《ふ》に落ちた。

（二〇二一年四月一九日）

持続可能な人助けって？

いつからか、日本では道路をつくる公共事業の評判がよくない。でもエチオピアにいると、それがいかに大切かがわかる。道路が整備されなければ、教育機会までも失われるからだ。

田舎に小学校を建てても、先生がいないとはじまらない。先生のなり手は都会出身者が多いので、電気も道路もない僻地《へきち》には、なかなか来てくれない。赴任しても、すぐいやになって辞めてしまう。

道路が未舗装だと、乗り合いバスの運賃が跳ね上がる。本数も減る。買い物で町と往復するだけでお金と時間がかかる。学校に行った村の子が「今日も先生、（買い物に出かけた）町から戻らなかった」と言って帰ってくることもある。

交通料金はあらゆる物価に影響する。都会からの商品は距離が遠く、悪路だとそれだけ高価になる。衣類や灯油などの必需品も手に入りづらくなる。その状況は舗装道路が整った国からは想像しにくい。

日本でも途上国に学校を建てるための寄付が呼びかけられる。だが建物だけでは十分ではない。教員を養成する機関が必要だし、そこに入る生徒を育てる初等教育も重要だ。教科書をつくれる研究者も欠かせない。先生に給料を払いつづける予算もいる。

エチオピアにはたくさんの援助がくる。井戸を掘ることも、植林をすることも、たくさんの条件がそろってはじめて持続可能になる。人助けは、そう簡単ではない。

14. 生物学的市民　政治と科学が定める「被災者」

感染の拡大が止まらない。ウイルスは目に見えないので、自分がいつどこで感染してしまうかわからない不安がある。この感覚は福島第一原発事故のあとも経験したものだ。何がどれだけ汚染されているのか、はっきりしない。だから人によって危険性の受けとめ方も異なる。恐怖心から移住する人もいれば、まるで気にしない人もいる。それは感染症でも同じだ。

目に見えない放射線の健康被害に苦しむ被災者の生が科学や国の政策に翻弄《ほんろう》される状況を描いた民族誌がある。チェルノブイリ原発事故後の人びとの経験に注目した『曝された生　チェルノブイリ後の生物学的市民』（粥川準二監修、森本麻衣子・若松文貴訳、人文書院）だ。米国の人類学者アドリアナ・ペトリーナが、ウクライナやロシア、米国での調査にもとづいて書いた。

一九八六年四月、チェルノブイリ原子力発電所四号炉は、電源喪失を想定した実験中に出力を急激に下げたことが原因で、二度の爆発を起こした。放射性物質を含む巨大な雲が上空高く噴き上げられ、ベラルーシ、ウクライナ、ロシア、西ヨーロッパなど北半球を広く覆った。ソビエトのゴルバチョフ書記長がその事実を公式に明らかにしたのは事故から一八日後だった。

六〇万人ともされる兵士、消防士、作業員らが事故処理にあたり、長年、放射線に被曝しつづけた。国際原子力機関（IAEA）など核医学分野の専門家は事故の死者数を三一人と報告した。一方、現地の専門家は数十万単位になると見積もる。安全基準にもとづき設定された汚染地域の範囲は何度も変更された。日本でも、私たちは科学が事実を確証できないことを過去も現在も経験している。

本書のキーワード「生物学的市民」は、そうした不確定な状況のなかで「市民」の定義が左右される事態を指す。原発事故によって誰が被災し、どんな健康リスクを被ったのか。それは国家の政策や生物医学的な検査態勢などによって変わる。さまざまな官僚主義的な手続きが設けられ、政治的配慮も絡む。その複雑なプロセスのなかで「被災者」が特定され、誰がどんな支援や行政サービスを受けられるかが決まる。生物学的定義が「市民」としての生存権や生活保障を定めているのだ。

放射線への被曝は健康にどういう影響を及ぼすのか。広島と長崎の原爆投下後に継続された研究結果からは、白血病を含む癌《がん》による死者の増加が予想された。ウクライナやベラルーシの科学者は白血病が増加したと主張する。だが国連機関は白血病などの増加を認めず、多くの病気は不安や恐怖という心理的ストレスによると結論づけた。

国連の科学者と現地の専門家は、調査の力点をどこにおくか、どのレベルの生物学的変化を検出すべきかという点で意見を異にした。こうした科学的知見は、被災者の人口規模をどう見積もり、どんな医学的調査を設計するか、あらたな技術を導入するか、研究費を確保できるか、といった要素に左右される。

国家の思惑も関係している。ベラルーシ政府は、災害の規模を過小に見積もり、医学調査や被害者救済に十分な資金提供をしていない。一方、原発が立地するウクライナは、国家予算の五％を事故処理や被災者の社会保障に出費してきた。そこにはソビエトの無責任さを批判し、積極的に事故対応する姿勢を国内外に示して、政府とその領土の正当性を主張する政治的な意図もあった。財源の税負担は国民の「絆」の創出に利用された。それらは、西側諸国から技術援助や借款を獲得し、貿易関係を深めるカードにもなった。

ペトリーナは、ウクライナの首都キエフで被災後に移住した家族や被曝作業員の調査をつづける一方、国の行政官との会合などにも参加し、国際機関や各国の専門家にもインタビューを重ねた。さらにキエフの放射線研究センターのクリニックを拠点に診療を受ける人びとを調査し、「被災者」の感情表現や身体経験などの日常生活が政治と科学の統治システムに組み込まれている様を描き出す。

現代社会では、国連機関や国の政治家、官僚組織、医者や法律家など多様な専門家の知見と無関係に暮らすことはできない。必然的に人類学者のフィールドも国境を越えたさまざまな立場の人へと広がってきた。いま私たちはどんな世界を生きているのか。次回も続けよう。

（二〇二一年五月二〇日）

14. 生物学的市民

「想定外」が問いを深める

文化人類学ってどんな学問ですか？　よく聞かれるけど、いつも説明するのに苦労する。かつては世界中の「未開」とされる民族の言語を学び、長期間住み込んで調査していた。いまは最先端科学の研究所や病院、金融トレーダー、軍隊や歓楽街も対象になる。

テーマも人によってさまざまだ。ただ時間をかけ信頼関係を築いて調査することを重視してきた。その対象への深い関与が人類学の特徴だ。人間の営みに深く関わると、自分が何者かを問われる。想定外の事態に巻き込まれる。それがとらえがたさの理由でもある。

最初、私はエチオピアのコーヒー栽培農村の研究をしようと、コーヒー農園に隣接する村に入った。でもコーヒーのことだけ調べても何もわからない。村の土地を誰がどう利用しているかを調べだした。そこでコーヒーも畑の作物も、収穫物が多くの人に分け与えられていることを知った。

富の所有と分配という研究テーマはこうして定まった。私自身の試行錯誤や偶然の出会いに導かれた結果だ。その後、村の女性が海外に出稼ぎに行くようになり、中東でも調査をはじめた。まさにいきあたりばったりだ。でも、公平な世界はいかに可能か、という問いにずっと向き合ってきた気がする。

人類学者は人間の想像力には限界があると思っている。だから調査計画や仮説を喜んで捨てて、現場で偶然手にした想定外の事象から問いを深めようとするのだ。

15. 被害の科学的認定　作為的な「科学」導く不確実な状況

一九八六年のチェルノブイリ原発事故のあと、多くの人が消火活動やがれきの処理にあたって被曝《ひばく》した。配備されたロボットは放射線レベルが高すぎて動かなかった。かわりに「バイオ・ロボット」と呼ばれた作業員が原子炉の屋根に上り、ショベルでがれきをすくって下に放り投げた。被曝量を考えると、作業時間は一分が限界だった。一〇年間で送り込まれた六〇万人の作業員のうち、約五万人がこうした極限的な仕事に従事した。

『曝された生　チェルノブイリ後の生物学的市民』を書いたアドリアナ・ペトリーナは、こうした被害の科学的認定の過程が、社会主義後のあらたな時代の「法的人格」を生んだと指摘する。

ウクライナの炭鉱で働いていたドミトロは、事故処理に動員され、一カ月間、原子炉の下にトンネルを掘る作業をした。その後、放射線研究センターで毎年検査を受け、一九九六年に脳や心臓、肺に異常が見つかり入院。身体障害者（第三級）に認定された。それは労働能力の五〇％を失ったことを意味する。

ドミトロは、より重度の障害者ステータス、労働能力の八〇％を失ったという証明書を得ようとした。そうすれば年金額が二倍になり、医療費の支払いも可能になる。事故前に生まれた一人娘の親でもある彼は、遺伝子異常を恐れてもう子をつくらないと決めていた。働くことも普通の生活を送ることもできない彼にとって、障害の法的認定が父親としての人格の支えだった。

　障害認定には放射線量の測定や再検査、書類作成など煩雑な手続きが必要だった。人脈がものをいい、賄賂が要求されることもあった。腐敗した官僚主義に対応する術や医療の知識を身につけなければ生存が脅かされ、夫婦関係や家族の崩壊にもつながった。

　客観的なはずの科学も、つねに不確実なものだった。米国から派遣された専門家チームは、メンバーの多くが白血病の専門家だった。製薬会社がスポンサーとなり、人間でテストされたことのない研究開発中の遺伝子組み換え分子が白血病性のがん患者への骨髄移植に用いられた。移植手術が行われた一三人のうち、生存者は二人だけだった。

　当初、ソビエトの専門家は症状から被曝線量を推定し、四〇〇人以上の患者集団がいた。米国チームはその手法が恣《しい》意的だとして、末梢《まっしょう》血リンパ球の染色体変異などを測定する手法を導入し、患者数を半分近くに絞り込んだ。事故から四カ月後、ソビエトの科学者と国際原子力機関は、事故の死傷者の範囲をこの急性放射線症とされた二三七人に限定することを確認し、三一人という死亡者数が算出された。

　五年後、ベラルーシの研究者が公式の患者集団に含まれずに死亡した作業員の肺に放射性物質を吸引した跡があり、三〇〇人のうち七〇％に同じ痕跡が見つかったと発表した。だが、その主張は無視された。放射線の限界線量やその生物学的影響についての統一された尺度はなく、科学者や医師たちも翻弄《ほんろう》された。

この不確実な状況に子どもたちも巻き込まれていた。ウクライナの汚染区域では、子どもの甲状腺がんが蔓延《まんえん》した。ペトリーナは、甲状腺摘出手術を受ける子どもたちの声に耳を傾ける。甲状腺は成長ホルモンの分泌を司《つかさど》る。その摘出は発育に問題を生じさせた。

手術を受ける子どもも、それをわかっていた。一五歳のアリーナは女の子が魔術師に人形のように小さくされる夢を見たと語った。「自分の夢がほんとうに正夢だったってわかる。だって、今は子どもたちが成長しないもの」。子どもたちは永遠に変えられた自己像とともに生きはじめていた。

診療医の一人は「ここで最悪なのは、健康でいることです」という。社会主義時代は誰もが無償の公的補助で生活できた。いま「健康」であることは、何の社会的支援もないまま市場に放りだされることを意味する。「病い」が予測不可能な状況から身を守る手段となった。こうして人びとはソビエト型市民から生物学的市民にみずから転向した。

科学や法律は中立的でも、生活とかけ離れた場所にあるわけでもない。それらは複雑に絡み合っている。人類学者はその絡まりのなかに身を投じ、人びとのささやかな生の営みを凝視する。何が起きているのか。それを抜きに問題解決などありえないのだから。

（二〇二一年六月二一日）

村人の顔、浮かぶコーヒー

調査でエチオピアを訪れるとき、スーツケースには着なくなった古着をたくさん詰めていく。サイズが合わなくなったジャケットやシャツなどをお世話になっている農民の家族に渡すと、ボロボロになるまで大切に着てくれる。その姿を見て、日本で暮らしていても、無造作に服を捨てられなくなった。

空っぽになった帰りのスーツケースには、お土産に村の女性たちが炭火で煎ってくれたコーヒー豆と森でとれた香り豊かな蜂蜜を詰める。コーヒー豆は形も不ぞろいだし、焙煎《ばいせん》もむらがある。でも素朴な味でとてもおいしい。

考えてみれば、いま身の回りにある食べ物も、着るものも、生活用品も、何もかも誰がどこでつくったかわからないものばかりだ。コーヒーの木を育て、豆を摘んで丁寧に煎ってくれた村人の顔を思い浮かべながら毎朝コーヒーを飲める。ありがたい幸せなことだ。

滞在している農家の敷地の隅に、穴を掘っただけのトイレがある。目隠しのために周囲に破れた穀物袋や汚れた古い布などが張られている。一〇年以上前にあげた私のウィンドブレーカーの切れ端も、まだそこで活躍していた。

ぼくらは使わなくなった物の末路も知らない。自分が消費する物がどこから来て、どこへ行くのか、見えない社会にいる。もちろん食べて排泄《はいせつ》したものの行き先も。村のトイレの穴にしゃがみながら、考えさせられた。

16. 近代スポーツの影　勝者と敗者を伴う競争　あおるナショナリズム

東京に四度目の緊急事態宣言が出されるなか、オリンピックが開幕する。私たちはこのスポーツの祭典がどういう仕組みで運営され、誰のために開催されるのか、その内情を目のあたりにしてきた。パンデミックの最中に世界二〇〇以上の国と地域の選手団や関係者が東京に集まる。国家の威信と国民の生命をかけた無謀な実験がはじまる。

スポーツは、ただの運動競技ではない。グローバルなビジネスが介在し、国威発揚に利用される。ジェンダーや階級も深く関係する。二〇二〇年に邦訳が出た『スポーツ人類学　グローバリゼーションと身体』（ニコ・ベズニエほか著、川島浩平ほか訳、共和国）は、そんなスポーツの多様な側面を人類学の視点から論じた一冊だ。

本書を執筆した三人の人類学者は、序章でそもそもスポーツとは何かを説明している。それは「一九世紀半ばのイギリスに遡《さかのぼ》る発明品である」。それ以前、たとえば古代ギリシア人にとって、オリンピックを指す「アゴーン」という競技祭には、音楽や弁論などさまざまな活動が含まれていた。一八六三年に、統一ルールによる運動競技という意味で英語の「スポート」が用いられるまで、一人の勝者とその他大勢とを区別する運動競技を意味する言葉は存在しなかった。

この近代的なスポーツの概念は「記録」という概念と同時に出現した。タイムやパフォーマンスを測定して記録する近代的技術がなければ、勝者を決め、その記録を他の場所での結果と比較することもできない。つまり、明確な勝者と敗者をともなう競争的スポーツは、人類にとって普遍的ではなかったのだ。

たとえば階層社会では、年長者やエリートがその結果をコントロールしようとする。和を重んじる社会では、引き分けが好まれ、儀礼的な状況では、客人に勝たせたり、神々を讃《たた》えたりと、儀礼の目的に沿う結果が求められる。それらは日本の祭礼でもあることだ。

近代スポーツは、欧米を起源として世界中に拡散したグローバリゼーションの先駆けだった。その過程に、著者たちは西洋列強が植民地を拡大させた帝国主義との重なりをみる。一九六四年の東京オリンピックで柔道が採用されるまで、オリンピック競技はすべて西洋由来のものだった。この西洋が支配するグローバルなシステムに入れるかどうかが、そのスポーツの盛衰を分けた。その線引きは、競技の本質とは関係がない。政治的な文脈での力の差だった。

一九世紀半ば、イギリスのパブリック・スクールの教師と生徒が、のちに「近代スポーツ」と呼ばれる身体活動のルールを成文化したとき、それはある種の優越感の表現だった。男性として、キリスト教徒として、白人として、世界最大の帝国のリーダーとしての優越を確認し、国内の労働者階級や貧しい人びと、植民地の他者を文明化し、救済するプログラムだった。

植民地に設立されたスポーツクラブには、西洋の教養を身につけた現地エリートだけが参加を許された。サッカー、野球、バスケットボール、クリケット、ラグビーといったチームスポーツは、文明化された近代的な人間としてふるまうシンボルだったのだ。

長年、国際的な競技会は白人の優越を証明する場であり、有色人種の勝利は歓迎されなかった。その傾向は現在も残る。だが非西洋諸国は、この帝国主義イデオロギーを体現するスポーツを積極的に受容した。そして、その後の一世紀半の歴史のなかで、スポーツは世界中の人びとがもっとも情熱を傾ける対象に発展した。

それは、スポーツがナショナリズムを昂揚《こうよう》させ、国家のアイデンティティを支える役割を担ってきたからでもある。国は国民の支持をとりつけようとスポーツを利用し、メディアはそのイメージの演出に加担して利益を得る。

アメリカンフットボールの頂点とされるスーパーボウルのテレビ中継は、米国の放送史上もっとも視聴される番組だ。米国チームしか参加しないのに、勝者は「世界チャンピオン」と称される。まさに世界最強国のイメージを熱狂的につくりだすイベントなのだ。そのナショナリズムは、国家が危機に直面すればするほど煽《あお》られる。

さてこの夏、「絆」「レガシー」「夢と希望」「世界が一つになれる」「安心安全」といった言葉で粉飾されたオリンピックをどう観ればよいのか。いったいスポーツとは何なのか。次回も続けよう。

（二〇二一年七月二三日）

16. 近代スポーツの影

信頼過剰の社会かもしれない

エチオピアでは、すんなりと物事が進まない。タクシーは値段交渉から必要だし、いろんな手続きも、いちいち人にたずねないとわからない。しかも人によって言うことが違う。

去年、首都のアディスアベバにいたとき、携帯のSIMカードを買っても、通話ができなかった。電話局の窓口の男性は「携帯本体の登録も必要だ」と言う。でも、「ここではできないので別の電話局に行け」と。

歩いて宿に戻り、顔なじみの運転手に伝える。彼は「いや、あの電話局で手続きできるはずだ」と自信たっぷりに言う。とぼとぼ歩いて、もとの電話局まで戻る。別の窓口の女性に聞くと、すぐ登録できた。

エチオピアでは、私も人の言うことを話半分に聞いている。エチオピアの人も、親密な関係を築いているのに、相手を心底、信じているようには見えない。

人だけではない。町を歩けば、歩道に大きな穴が開いている。ミニバスには時刻表も、行き先や値段の表示もない。道を横断するときは、走ってくる車の後ろをすり抜けるように渡る。つねに気を張っている。

日本にいると、何ごとも無条件に信頼している気がする。ぼぉっと歩いていても穴に落ちることはない。電車も時間どおりに来る。検察も裁判所も、きちんと仕事してくれる。大企業も政治家も、そう悪いことはしないはずだ。どこかでそう信じている。信頼過剰の社会なのかもしれない。

17. 儀礼としてのスポーツ　現実とのずれを可視化　既存の社会構造を刷新

東京オリンピックが閉幕した。日本選手団の歴代最多となるメダル獲得にわいたお祭り気分も、過去最多を更新する感染者数の急増と記録的な大雨の被害で、すぐにかき消されてしまった。スポーツが生みだす熱狂と興奮は、まさに真夏の夜の夢のように、甘美ではかないものだった。

スポーツは、私たちを夢中にさせる。ある種の宗教のようでもある。実際、近代オリンピックを創設したピエール・ド・クーベルタンは、スポーツを世俗的な宗教にしようと「スポーツ教」と呼んだ。

『スポーツ人類学』を書いたニコ・ベズニエら三人の人類学者は、儀礼の理論を洗練させてきた人類学こそが、スポーツと宗教との関係を的確に論じられると述べている。

宗教的儀礼は「コムニタス」といわれる一体感を生じさせ、人間が絆で結ばれる感覚をもたらす。そこには、既存の社会構造を強化する機能だけでなく、潜在的にそれを刷新してしまう革命的な力もある。だからこそ、エリートたちは儀礼が現状を強化するよう促し、政府は儀礼がその権威への挑戦ではなく、正当化になるよう仕向ける。

その近代の「儀礼」として一九世紀半ば以降の初期グローバリゼーションで重要な役割を担ったのが、万国博覧会とオリンピックだった。これらの行事は、人やアイデアや資本が流通する地球規模の回路をつくりだした。植民地主義と帝国主義を賛美し、正当化する機会にもなった。

もともとオリンピックは、クーベルタンの言葉どおり、万博の「屈辱的な下僕」だった。ところが、ナチス・ドイツが主催した一九三六年のベルリン・オリンピックから万博をこえる世界的メガイベントへと成長した。本書では、ベルリン大会にはじまるテレビ放送の影響が指摘される。「テレビは万博の息の根を止め、オリンピックに肥料をあたえた」。今回のオリンピックが無観客で可能になったのも、テレビ放送によってスポーツ観戦が身体を介さない体験へと変わったからだ。

スポーツにとって、テレビは欠かせない存在になった。一九八〇年代まで北米をのぞくほとんどの国のテレビチャンネルは国家が統制していた。東西冷戦が終わり、多くの国で民間企業の参入が認められると、競争が激化し、スポーツイベントの放映権料が高騰した。さらに世界中のスポーツクラブの企業化が進み、スポーツクラブ、テレビ、スポンサーという三つの業界の結託がはじまる。世界的な人気スポーツ選手の年俸や移籍金も天文学的な数字になった。

今回の東京オリンピックがそうだったように、膨大な放映権料を支払うテレビ・ネットワークがスポーツイベントに影響力をもつようになった。大会の開催時期や競技の開始時間、ときにはルールまでもがテレビ向けに変更された。

スポーツのメガイベントが開かれる都市では、きまって再開発が行われる。競技会場や選手村だけでなく、公共交通機関や宿泊施設といった都市インフラが刷新され、膨大な税金が投入される。

スポーツを「儀礼」とみなす人類学者は、そもそもメガイベントに経済合理性などないと指摘する。儀礼には富を惜しげもなく散財し、多額の借金を背負うこともいとわない性質がある。その無駄遣いが、計量も予測も不可能な人間感情の機微とつながっている。

膨大な富を浪費しながら、各国政府はグローバル資本主義経済の重要なプレーヤーであることを示そうと躍起になる。それは対外的には投資を促す文化パフォーマンスの一部だ。国内向けには、運命共同体としての一体感を生みだす資源となる。

日本選手の活躍は、すなおにうれしい。だが考えてみれば、不思議だ。知人でも親戚でもないという意味では外国選手も同じなのに、自国の代表選手の活躍だけが自分のことのように誇らしく感じられる。

実際には、聖火リレーの最終ランナーをつとめた大坂なおみ選手をはじめ、多くの国の代表選手が複数の国や別の国のルーツをもつ。陸上女子一万メートルの表彰台にあがった三カ国の代表選手は、いずれもエチオピア出身の選手だった。

国ごとにメダル獲得数を競い、一喜一憂する状況はフィクションにすぎない。こうして儀礼が可視化させる現実とのずれが、革命的な力として権威の体制そのものを揺さぶるのかもしれない。

（二〇二一年八月二四日）

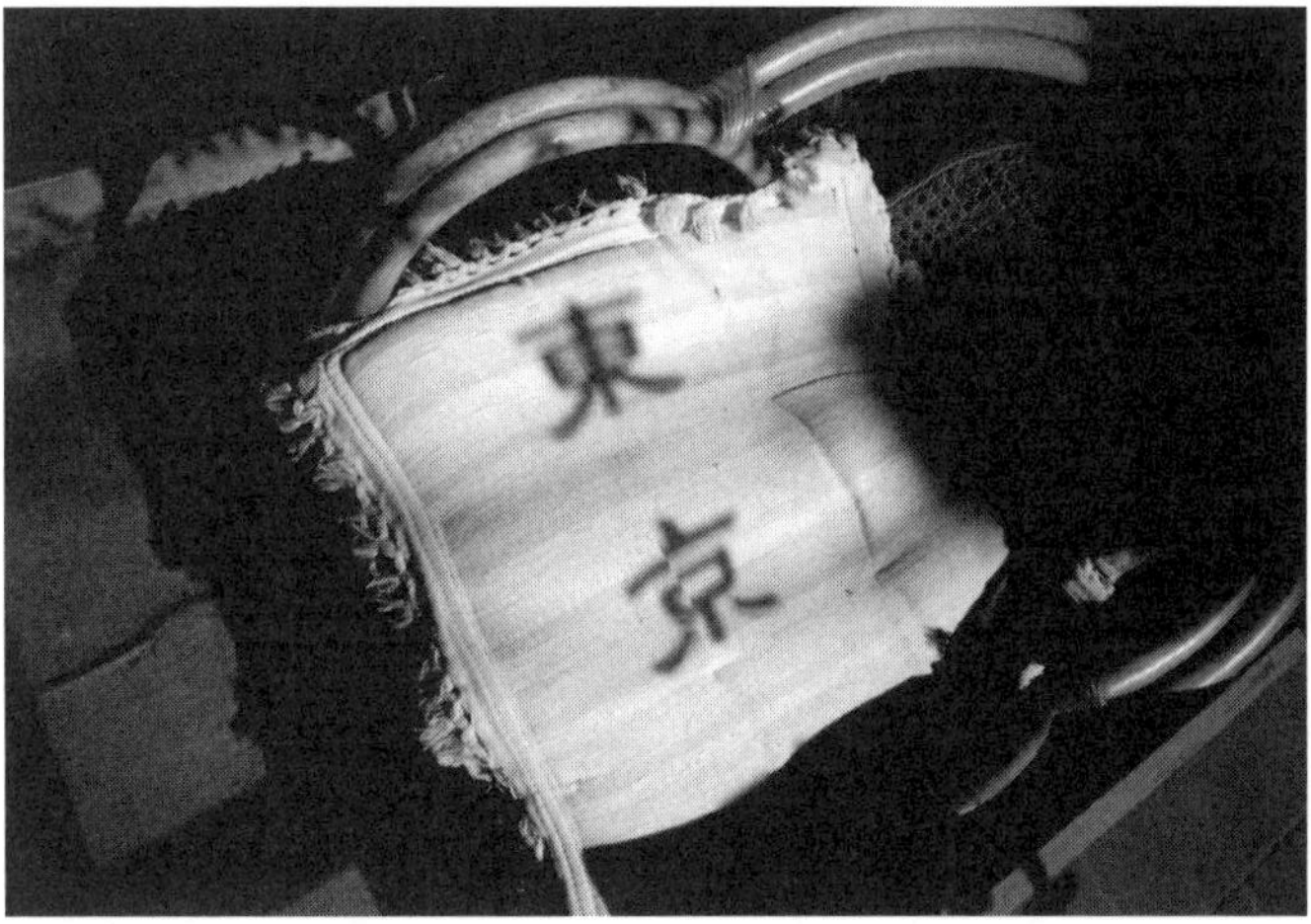
東
京

異文化って何ですか？

大学で文化人類学を学ぼうとする学生たちは、異文化理解や異文化コミュニケーションに関心があることが多い。

たとえば、海外からの留学生が日本に来てどんな苦労をしているのか、国際結婚のカップルがいかに文化の違いを乗り越えているのか、といった研究テーマをもってくる。

いつも、こう問いかける。「異文化って何ですか？」。聞かれた学生はきょとんとする。何の疑いもなく「外国の文化です」と答える。

そこには暗黙の前提がある。文化は国ごとに違う。その違いは他のどんな差異よりも大きくて、日本人と外国人はつねに理解し合うのに苦労する、と。相互理解を目指しているのに、日本人と外国人には最初から根本的な違いがあるという前提からはじめている。それは、ほんとうに疑いのないことだろうか。

たとえ日本人どうしでも、仲のよい家族でも、すべてわかり合えるわけではない。コミュニケーションには、誰が相手でも困難さがつきまとう。その「ずれ」を、ぼくらは世代の違いや性差、血液型などで説明しようとする。「文化」の違いも、そのあとづけの理由のひとつにすぎない。

人はつねに乗り越えがたい差異に直面する。国の違いだけが大きな障壁とは限らない。学生のみなさん、国際結婚でなくても、夫婦はいつも異文化コミュニケーションの現場なのだよ。

18.「政治権力」の演劇性　「見世物」へと変貌する国家

自民党総裁選で誰が次の首相の座を射止めるのか、関心の的となっている。東京オリンピック・パラリンピックが終わったと思ったら、また別の舞台上のドラマがはじまったかのようだ。「選挙に勝てる顔を選ぶ」。そんな言葉を聞くと、政治家の仕事って何なのか、そもそも「政治」とは何をすることなのか、よくわからなくなる。

さまざまな政治権力の背後には、舞台裏から糸を操る「演劇支配制（テアトロクラシー）」が存在する。そう指摘したのは、フランスの政治人類学者ジョルジュ・バランディエだ。彼は『舞台の上の権力　政治のドラマトゥルギー』（渡辺公三訳、ちくま学芸文庫）で、政治を動かしている演劇的な力について論じている。

政治的な役者たち、すなわち君主や政治家たちは「想像的なもの」によって「現実的なもの」を統御しようとする。たとえば、ルイ一四世が活躍した一七世紀フランスのオペラは、見物用馬車に座る王を中心として演じられ、国家や君主制の完全無欠さという神話を表現するものだった。ヴェルサイユ宮殿の建造など、記念碑となる建物や場所をつくりだすことも、その政治的威力を印象づけ、将来にわたる永続性という幻想を刻印するためのものだった。

バランディエは、暴力の上にうちたてられた権力は、つねにその存続を脅かされ、理性によって照らし出された権力は、わずかな信頼しか獲得しえないという。権力はむき出しの力による支配や合理的な正当化によって保持されるわけではない。むしろ「想像的なもの」を「現実的なもの」に転化し、さまざまな象徴を操作する政治的演技術のなかで権力が保持される。

ときに政治君主が宗教的な神聖性をもち、その主権が神聖な序列にもとづくとされるのも同じだ。そうしたイメージによって、権力の舞台が神聖な世界の複製ないしは顕現となる。現在の権力のために理念化され、再構成された過去の歴史も、その正当化に用いられる。「英雄神話」がよい例だ。神話上の英雄は能力というよりも、物語のなかで示される好運さなどの演劇的力によって英雄として認められる。その「想像的なもの」が人びとに明るい未来の到来を想起させる。

バランディエは現代の民主制のもとでも、そうした演劇性がみられるという。とくに演劇化は「選挙」によってなされ、その「勝負」が格好の見世物となる。メディア、プロパガンダ、世論調査といった手段がその演劇的な「見せかけ」を生みだす。こうして近代国家も「見世物国家」へと変貌してきた。

いかなる政治権力も、演劇性によって人びとの服従を勝ち取り、社会を支配する。理想化された受容されやすい社会イメージが提示され、社会を賛美する見世物が提供される。それは人類学が研究対象にしてきたアフリカの王国も、現代の全体主義国家や民主主義国家でも同じだ。

権力者の言葉は、ありふれた日常とは異なる過去や未来に根拠づけられたものとして語られる。創立者や創設時の憲章といった過去の歴史が言及され、進歩、変革、展望といった未来のイメージがちりばめられる。

日本にかぎらず、政治家たちは、つねに自分たちの国民や国家の歴史の偉大さを賛美する。それによって権力を正当化できるからだ。そして、きまって選挙で変化や改革を訴える。そこには現在とは違う未来を期待させる「想像的なもの」の力を利用しようとする思惑がある。

政治とは、ともに問題に対処するための手段だったはずだ。だが目の前でくり広げられる権力闘争劇からは「政治」とされてきたものが、そこからずいぶんかけ離れていることに気づかされる。

バランディエは、この「政治的なもの」の演劇性は、あらゆる社会関係の協働の結果として生まれているという。そう、すでに私たちも知らないうちに観客や演出家としてその舞台に加担している。この茶番に乗るのか、下りるのか、おそらく選択の余地は残っているはずだ。

（二〇二一年九月二二日）

18.「政治権力」の演劇性

Column

アハメド氏？　名前は文化

エチオピアで新首相が就任した。アビー・アハメド首相。はじめて最大の民族であるオロモ人から選出された。私の調査地にも近い田舎町の出身でもある。

当初、新首相誕生の一部の報道では「アハメド氏」となっていた。これは適切ではない。多くのエチオピア人の名前に家族名を示す名字はない。アラブ諸国などと同じ「自分の名」＋「父親の名」。アハメドは、彼の父親の名なのだ。正式には祖父の名もつけてアビー・アハメド・アリ。そのあとに曽祖父ら祖先の名を連ねることもできる。彼らの名前には父系の系譜を記憶する機能がある。

名前の形式は時代や地域ごとにさまざまだ。インドネシアやミャンマーでもほとんど名字はつけない。日本も江戸時代には庶民は名字を公的に名乗れず、屋号などを使った。武士も本名の諱《いみな》は「忌むべき名」とされ、通称の字《あざな》を用いた。

調査地のオロモ人ムスリム男性は結婚すると、「〜の父」と尊称で呼ばれる。〜は実際の子の名とはかぎらない。嫁いだ女性は義理の両親から「〜の母」という名をもらうが、その名は義理の両親くらいしか使わない。立場や関係でふさわしい呼び名が変わるのだ。

どの国の人にも名前はある。共通点があるからこそ、相手も自分と同じはずだと勘違いしやすい。世界中のニュースを扱う報道は、その多様で微妙な文化の違いを翻訳して伝える作業でもある。

19．秩序と無秩序　人間を隷属させる力にどう対峙するのか

新型ウイルスの流行とくり返される自然災害、その背後にある経済活動のグローバル化や地球環境の問題。私たちは平穏な日常が脅かされる「危機」の時代を生きている。安定した秩序が崩れているという不安が世の中を覆う。そんな不安とどう向き合い、混沌《こんとん》とした時代の変化をいかに受けとめるべきなのか。この連載では、ずっとそんな問いを考えてきたように思う。

社会の秩序と無秩序とは一枚のコインの裏表であり、切り離すことができない。そう指摘したのが、前回も紹介したジョルジュ・バランディエだ。彼は『舞台の上の権力』で、無秩序がむしろ秩序の強化に使われるのだと論じている。どういうことなのか。

アフリカのベニンの古王国では、王の死は騒乱と服喪のはじまりだった。秩序を統御する現《あら》人神《ひと》が消え、破壊力の働きをおしとどめる者がいなくなる。強盗や殺人などが横行し、「夜の幕が下りた」といわれる混乱状態になった。しかし、あらたな王の即位の儀式がその状況を一変させる。正義が前にも増して強力に重々しく再現され、一時的な無秩序が秩序の再生と強化に利用されるのだ。

中世末の西欧の状況も、同じような視点から理解できる。一五世紀、世相の不安から魔女狩りとその異端審問が広がった。急激な変化が起きる過渡期には、すべてが善と悪の二分法で裁

断される。そして秩序ある正しき世界を脅かす邪悪な存在が名指しされ、糾弾される。

バランディエは、そこに秩序の回復のために逸脱者を指定し、排除する政治力学を見出している。人びとを不安に陥らせる悪の所在をつきとめ、その蔓延《まんえん》を食い止めるために「魔女」が必要とされた。それは、失墜した教会の権威を回復するスケープゴートでもあった。

バランディエは、変化の激しい現代社会でも、この秩序と無秩序の関係は維持されているという。体制の秩序が神聖化され、体制の犯した過ちは「犯罪者」ないし「敵」の仕業とされる。指名された者を犠牲にすることで、権力の嫌疑は晴らされ、無実とされた社会の凝集力が強められる。バランディエは、この無秩序が秩序への奉仕を強化する「逆転のプロセス」を権力はみずからの利益のために操作する、と述べている。

現代の多様化したメディアの普及は、こうした政治的イメージのあり方を根底から変えた。市民はつねにさまざまなメディアを通して日常的に政治のイメージにふれる。しかし、それはそのイメージがありふれた消耗品になることを意味した。しだいに人びとは好奇心を失い、慣れと飽きを招き、しらけを生む。

バランディエは、だからこそ政治的な演劇性が駆使され、つねにイメージの更新がはかられるのだという。メディア社会では、演劇的な出来事が政治的影響力を高める道具になる。

とくに多党制社会では「選挙」がその政治的イメージを更新する一種の「祭り」となった。

しかし、日常のなかで画面ごしに鑑賞される「祭り」は、私的な消費の対象であり、社会の凝集力を高めることなく「断片化」している。もともと日常からの断絶であった「祝祭」には、無秩序の力を解き放ち、それを演劇的に馴化《じゅんか》することで社会の秩序を再強化する力があった。だがもはや政治的な「祭り」は商品社会の売り物であり、「政治芝居興行に一役買っている」。

いま必要なのは、人間を隷属させる幻惑から救い出す治療法を発見し、イメージを統御し、それが人間の自由を縛るために使われるのを容認しない術を教えることだ。バランディエはそう本書を結ぶ。

さて衆議院が解散し、総選挙が行われる。メディアは選挙報道にシフトし、「祭り」を盛り上げようとする（それが「商品」だからだ）。だが有権者のあいだには、しらけムードも漂う。近年は投票率も低迷したままだ。

そもそも低投票率は政権与党に有利であり、多くの人が選挙に行かない状態が放置されてきた。人間の自由を縛り、隷属させる力にどう対峙《たいじ》するのか。私たちが目のあたりにしているドラマには、人類にとって普遍的な政治の力学が働いている。

（二〇二一年十月二二日）

19. 秩序と無秩序

楽しく働く方法、考えては？

この一〇年ほど、エチオピアの首都ではきまった宿に泊まる。星がいくつなどとは無縁の場所だ。荷物を預かってくれるのも理由の一つだが、変化の激しい都会で、この宿の従業員はあまり入れ替わらない。いつも顔なじみがいて落ち着ける。高級ホテルに泊まるより、安全という意味でも、よっぽど信頼できる。人間関係こそ安心の鍵だ。

宿では午後の二時と八時にコーヒーのサービスがある。生豆を洗って炭火で煎るところからやるので、時間がかかる。その日は、洗濯係のブズネシが担当だった。彼女は、さっきから豆を煎りながら、ずっと携帯で誰かとおしゃべりしている。

日本のカフェで店員が携帯で話していたら私だって怒る。でもここでは、なぜかイライラしない。コーヒーを客にふるまいながら、掃除係も受付の女性も、みんな一緒にコーヒーを飲む。これも日本では考えられない。

一階の掃除係のガリラは豪快な性格。「石鹸《せっけん》とトイレットペーパーちょうだい」と言うと、二個ずつくれる（そんなに使えない！）。いつも鼻歌まじりに楽しそうに床を磨いている。見ると耳にはイヤホン。低賃金だが、みんな苦しそうには働いていない。

最近の「働き方」の議論は、労働時間や生産性の話がほとんど。どうしたら楽しく働けるのか、何が働くことを苦痛にしているのか。それも考えたほうがいいと思う。

20. 国家と宗教　権力の正当性を保証　政治的競争で利用も

衆議院選挙が終わった。投票率は、戦後三番目に低い五五・九三%。有権者の四割以上が棄権した。そんな状況で国会議員を民主的に選んだことになるのか。そもそも「民主的」とはどういうことなのか。「政治」とはなにか。「国家」とはなにか。疑問や違和感は深まるばかりだ。人類学は、こうした根源的な問いを考えるために、人間社会の多様な政治体制について研究してきた。これまでも紹介してきたジョルジュ・バランディエは『政治人類学』(中原喜一郎訳、合同出版)のなかで、政治権力のさまざまな側面を論じている。

そのひとつが、宗教と権力との関係だ。もともと国家と宗教には類似した性質があった。宗教は神という人間の手の届かない存在をあがめる。国家が現実生活から遠く離れているように思えるのも、そこに宗教と同じ神聖化の力が働いているからだ。

こうした特徴は、人類学者が調査したさまざまな民族で報告されてきた。現在のブルキナファソのモシの人びとは「ナム」という権力概念をもつ。これは民族の創設者たちが国家を建設するために発動させた力だ。人間が他者の支配を神から許されたことを想起させる力でもある。

この神秘的なナムは、それを保持する集団に高貴な身分と統治力をもたらす。ナムは政治的競争で獲得され、争いに負ければ、ナムを喪失し、権力を失うことになる。ナムは儀式的な飲み物を介して移譲される。王となる者はそれを飲むことでナムを受けとり、祖先と神格化された大地とに結びつく。それは王国の創立者たちの命令への服従を誓うことでもあった。

政治的なものは、自然現象を思わせるかたちで人間に作用する。あたかも政治権力は社会の外側にあって上から降り注ぐかのようにイメージされる。こうして神々による世界の秩序と、国家の創立者による社会の秩序とが交じりあい、神聖なものが政治的なものと結びつく。それが全体秩序への順応を強制し、権力への加害を冒瀆《ぼうとく》的な許されざるものにするのだ。

しかし、事物の秩序も人間の秩序も、やがて摩滅し、朽ちていく。だからときに再創造する必要がある。儀式や祭礼は、神聖なものを呼び戻し、最初の創造の瞬間を復元し、あらたな状態に更新するためにある。ニューカレドニアの首長は、こうした社会的儀式を執りしきる。儀式には、すべての共同体メンバーが参加し、祖先や死者、神々との一体感が演出される。最後に盛大な舞踏が披露され、宇宙と社会の活力が表現される。こうした儀礼を通して社会の潜在的な紛争が除去され、人びとの紐帯《ちゅうたい》が強化されるのだ。

宗教は、権力の用具、その正当性の保証、政治的競争で利用される手段になる。バランディエはそう強調する。それは神話にもあてはまる。神話は、歴史の言葉で既存の秩序を説明し、それを法にもとづく制度として正当化する。

中央集権的な社会では、しばしば神話的知識が専門家集団に独占されている。ザンビアのベンバでは、祭礼を担う世襲的な司祭が神話と歴史伝承の排他的な守護者となり、急激な変化を防いで人びとに伝統を守らせようとする。

逆に神聖なものが権力を制限し、それへの反抗に用いられることもある。歴史上くり返されてきた預言者運動や救世主運動は、危機的状況で既存の秩序を問題視し、それに対抗する力の登場を告げた。アメリカ先住民の社会では「救世主」が現れるたびに首長の力は弱まった。脅威にさらされ、堕落した社会で信頼と希望を再提示する役割を担ったのだ。

人類は、太古から社会の秩序を守り、暮らしと生命を維持する創意工夫を凝らしてきた。秩序をつくるために政治権力を生みだすと同時に、その権力が暴走しないようコントロールしてきた。その連綿とつづく営みをたどると、過度に絶望する必要はないという気分になる。どんな試みも完全ではなかった。私たちが直面している問題は、いまにはじまったことではない。

人類学者のレンズは、こうして別の時代や場所で営まれてきた人間社会の試行錯誤を掘りおこす。それは、いま・ここでなにをしておくべきか、じっくり腰をすえて戦略を練るための下準備でもある。

（二〇二一年十一月二二日）

その肉食べる？　切実な問い

もうずいぶん前だが、エチオピアの首都アディスアベバで日本映画の上映会があった。「絵の中のぼくの村」という美しい田園生活を描いた作品だった。

少年たちが川に入り、うなぎを捕まえる。それをさばいて七輪であぶる。おいしそうな映像によだれが出そうになる。この場面でエチオピアの観客からは悲鳴のような声があがった。びっくりして振り返ると、みなが顔をしかめたり、目を丸くして大笑いしたりしている。日本人は蛇を食べると思われたようだ。

一般的なイメージとは異なり、アフリカの多くの地域では食べてよい動物は限られている。エチオピアの高地だと、牛・鶏・山羊《やぎ》・羊くらい。イスラム教徒もキリスト教徒もふつう豚は食べない。熊本生まれの私が、馬刺しが好物だと言うと、軽蔑の目で見られる。

動物の種類だけではない。どの神に祈るかで食べられる人が変わる。同じ家畜でも解体のとき別の神に祈りを捧げられた肉は食べられない。日頃あまり熱心に礼拝しないような人でも、違う宗教の肉だけは、けっして口にしない。肉料理に使った皿に触るのも嫌がる。

農村部では宗教的な祝祭日など、たまにしか肉を口にできない。みんなその日が待ち遠しい。宗教といえば神学や教義の問題だと思われがちだが、それだけではない。誰がいつどんな肉を食べるかが、いまも人間にとって切実な問いなのだ。

21. デザイン思考　従来の「当たり前」問い直し　終わりなきプロセス楽しむ

二〇一九年一二月に中国・武漢市で新型コロナウイルスの感染者が最初に確認されて二年がたつ。いったん制限が緩和されたヨーロッパ諸国では感染者が再び急増し、強い制限措置へと逆戻りとなった。ウィズ・コロナ政策を掲げ、ウイルスとの共生に舵《かじ》を切っていた韓国でも感染拡大が止まらない。ワクチン接種が完了した人の割合は八割をこえ、日本を上回るにもかかわらず、新規感染者や重症者の数が過去最多を記録している。

日本では、二〇二一年九月末に緊急事態宣言が解除されて以降、感染者の少ない状態がつづく。だがあらたな変異株の出現もあり、先行きは不透明だ。いつか自分も感染するかもしれない。そんな不安が心の底に澱《おり》のようにこびりついている。

感染症が世界的に流行した過去の例でも、終息までには二〜三年かかった。そのことはわかっていたつもりでも、今年もこんな落ち着かない気持ちで年の瀬を迎えるとは想像していなかった。

世の中の不確実性が高まっている時代だからこそ、人類学の視点が求められる。そう言われることもある。それはなぜなのか。人類学者の比嘉夏子が商品やサービスの開発支援を行う企業組織との協働の過程を記録した『地道に取り組むイノベーション』（ナカニシヤ出版）には、その背景が説明されている。

キーワードは「デザイン思考」だ。これはアメリカのデザイン・ファームIDEO（アイディオ）が提起した言葉で、「デザイナーのように思考すること」と定義される。旧来のように開発された技術をいかに企画へと変換するかという順序で発想したり、既存のビジネスモデルの枠組みに適合させたりするのではなく、「基本的な人間のニーズ」から出発する人間中心の思考だという。これまでのあたりまえを問いなおし、創造的に考えようとする姿勢だ。

このイノベーション（技術革新）にとって鍵となる「デザイン思考」の第一歩が、実際の人間の行動から隠れた潜在的なニーズを見いだす「観察」だ。IDEOのトム・ケリーは、この情報収集のための「観察する人」として必要な人材に「人類学者」をあげた。

比嘉は、こうした言説がイノベーションに関心をもつ業界に普及したことで、北米企業に人類学者や人類学を学んだ者が参加し、リサーチや開発に携わる流れが活性化したと指摘している。

日本企業が「デザイン思考」を本格的に取り入れはじめたのは二〇一〇年代のことだ。複数の大学にデザイン・スクールが開設され、二〇一八年には経済産業省・特許庁が「デザイン経営」宣言を出した。もともとオセアニア島嶼《とうしょ》部で現地調査をしてきた比嘉のような人類学者がイノベーション・コンサルティングの会社と協働した背景にも、こうした動きが関わっている。

では、イノベーションの現場で発揮される人類学の特徴とはどんなことなのか。比嘉は、それを「反－方法論的」と表現する。人類学者が現場でやっていることはわかりやすい手法やテクニックに還元できない。むしろどこでもすぐに役立つような「マニュアル化」自体が人類学的な実践と根本的に相いれない。比嘉はそう明言する。

人類学の調査では、対象や状況に合わせて時間をかけ、柔軟な姿勢でのぞむ。現場で感じた違和感に何度も立ち止まる。既存の手法に頼らず、その場で最適なやり方をそのつど見いだす。大事なのは、方法論ではない。地道な実践と思考の積み重ねというプロセスそのものだ。

先の見えない混沌《こんとん》とした状況で、人は不安になる。人類学者なら答えを教えてくれるかもしれない。そう期待されるのも理解できる。だが比嘉が釘《くぎ》を刺すように、人類学者も答えを知っているわけではない。

安易な一般化から距離をとり、目の前で起きる具体的な出来事に即して、ああでもない、こうでもないと、試行錯誤をくり返す。秘訣《ひけつ》があるとしたら、その終わりなきプロセスを楽しむこと。先が見えない、わからない、だからわくわくする。この心意気が、人類学に限らず、学問の根底にはある。来年がどんな年になるのか、引きつづき目を凝らしながら考えていこう。

（二〇二一年十二月二四日）

21. デザイン思考

「一三カ月太陽の国」の初日の出

新年度がはじまった。大学のキャンパスには桜の花びらが舞い、晴れやかな顔をした新入生たちがやってくる。静かな春休みから一転、にぎやかな雰囲気にあふれる。日が昇り、日が暮れて一日一日が過ぎていくだけなのに暦が変わると気分までも一新する。

ちなみにエチオピアの暦で今日（二〇一八年四月三日）は、二〇一〇年マッガビット月（七番目の月）の二五日。キリストの生誕を紀元七年とする独特のエチオピア暦が採用されているので、西暦（グレゴリオ暦）からは七年から八年のずれがある。

新年は九月一一日（閏年《うるう》は一二日）。三〇日間の月が一二カ月あって、最後に五日（六日）間だけのパグメという月がある。エチオピアの観光ポスターのお決まりのキャッチコピーは「一三カ月太陽の国」だ。

政府機関だとエチオピア暦の日付を使う。日本も公文書は元号なので人のことは言えないけれど、領収書などをもらうと、「いつのですか?」といった感じになる。正月も、ふつうの日。日本の暦になじんでいると、なんだか落ちつかない。

　ある年の大晦日《おおみそか》には、マレーシア製の即席ラーメンを年越しそば代わりにし、元旦に早起きして初日の出を拝みにいった。遠くに世界遺産の岩窟教会群のあるラリベラの山並みがみえる。稜線《りょうせん》から太陽がかすかに顔を出す。と、三秒で直視できなくなる。まぶしすぎるのだ。赤道近くの太陽を甘くみてはいけない。

22. 創造的な知　科学的な知とは異なる　新たな価値の地平へ

年末は落ちついていた新規感染者数が年明けから一気に急増した。オミクロン株の出現で第六波に突入したようだ。感染力はきわめて強いものの、比較的重症化はしにくい。新変異株の特徴について、そんな情報も出ている。だが、どれくらい社会生活や経済活動を止めるべきか、どんなタイミングでワクチンを打てばよいかなど、わからないことだらけだ。誰もが自分で情報を集め、判断していくしかない状況に立たされている。

歩みを進めるごとに違う景色が広がる。どこに向かうべきか、何が正しい選択なのか、手探りしながら一歩を踏みだす。それは、まさに人類学者がフィールドワークで経験することだ。独自の人類学の地平を開拓した岩田慶治は、一九八二年刊の『創造人類学入門』（小学館創造選書）で、このフィールドワークのプロセスを調査者の文化と相手の文化との相互作用を深める四つの段階として説明した。

まずは「とびこむ」。歓迎されるか、冷たく無視されるか、拒否されるかわからないまま、文化の垣根を越え、異文化の世界に「とびこむ」。何が起きるか、事前には予想できない。岩田は、それを赤ん坊の誕生と重ねる。赤ん坊が生まれると同時に、親も生まれるように、文化と文化の出合いが調査者と対象となる人びととの共通の場を生む。

次に「近づく」。村を調査するなら、そのメンバーとして認められ、人びとの生活の文法を理解し、背後にある文化を身につけなければならない。村の地図をつくる。人間関係を図にする。年中行事や冠婚葬祭に参加して村のリズムを体得し、人びとにとっての人生の意味とその表現を探る。それは、調査される側にとっても、自分たちの文化が見る、見られる対象になることを意味する。幼少期から成人に至るなかで村人としての教育を受ける。そんな自分を見つめなおす段階にあたる。

そして「相手の立場にたつ」。それは調査者と被調査者が役割を交代しながら、俳優と観客の役を演じるのに似ている。調査者の質問に答えて村人が自分たちの慣習の意味を言葉にするとき、村人はその文化を演じる役者から、それを鑑賞し、批評する観客の立場に立つ。

ところが、調査者が村人と同じように伝統儀礼に参加して「役者」の立場に立つには、その文化の根底にある世界観を理解しないといけない。村人がこの世とあの世の存在を前提にしているなら、この世だけでなく、あの世の眺めが見えなければならない。祭りや人生儀礼を虚構の習俗としてではなく、リアリティを映すものとして経験するには、この世という前景とあの世という遠景をともに見る必要がある。背景のない絵はなく、地によって裏打ちされない柄はない。だから表面的な絵柄だけを見ていてはだめだ。岩田はそう説く。

最後に「共に自由になる」。分析・解釈・理解の立場から一歩進めて、創造の地平に立つこと。

それは、調査する者も調査される者も、あらたな価値の実現に努力しはじめる境地を指す。科学的な知とは異なる創造的な知をとりもどすことでもある。

岩田は、知には分析の知と創造の知の二種類があるという。東南アジアのタイ人やラオ人は、自然の地形などから村の名前をつける。クメール人は居住地のまわりに茂る木の名前を村名にする。人間が自然を認知して名前をつけ、その名前が人間の文化に取り込まれ、移行してくる。岩田はそれを自然と人間との創造的な共同作業ととらえる。

分析的な知は、言語体系をもつ人間だけに認識の主体を認める。一方、伝統社会にみられる創造の知では、認知の行為は、名づけられる以前の無名の自然と無名の人間の共存の場で起きている。知が二つの主体の間で交互的になる。そこに創造の原点がある。

私たちが一歩を踏みだして歩めるのは、足が大地を信頼し、大地も足を信頼しているからだ。岩田はそこが「脚下にひろがる創造的行為の場所」だという。

人類学の研究は、調査者が一方的に他者を理解・分析する営みではない。それは科学的な知とは別の知のあり方につながっている。近年は、そのことが意識されはじめたが、それをいち早く指摘した岩田の慧眼《けいがん》には驚かされる。次回もつづけよう。

（二〇二二年一月二二日）

22. 創造的な知

家事も育児も、芸術的な連係

文化人類学のフィールドワークは、旅が日常に変わるときにはじまる。ある尊敬する人類学者の言葉だ。

最初はお客さん扱いされる旅人だった調査者も、やがて人びとの日常のなかにとけこんでいく。その場にいる。ただそれだけで、いろんなことが見えてくる。

エチオピアの村の朝。農家の女性たちがコーヒー豆の選別作業をしていた。親戚の女性も手伝いに加わる。生後八カ月の娘のいる母親が忙しそうに動き回る。赤ん坊は居間にぽつんと置かれたまま。年の離れた兄弟が赤ん坊と戯れていたが、やがて庭で遊びだす。すると祖母が赤ん坊の横に座って話しかける。

外では近所の子どもが集まりサッカーがはじまる。祖母が出ていくと、今度は隣の家の女性が赤ん坊を抱っこする。母親はたまにお乳を与えに戻るだけ。

お昼、子どもたち全員に食事がふるまわれる。子どもはどこでご飯を食べようと、泊まろうと自由だ。食後、「みんなで水くみにいっておいで」と容器を渡され、水場へと下りていく。

人が入れかわり立ちかわり出入りし、家事も育児も居合わせた人ができることをやる。しかも世間話に花を咲かせ、楽しみついでに。家族の垣根が低いので、負担を分かち合えるのだ。

私もたまに赤ん坊をあやしつつ、彼らにはあたりまえの日常でしかない芸術的な連係プレーを一日飽きずに眺めていた。

23. アニミズム　相手の立場に寄り添い　自ら絵の中に歩み入る

岩田慶治が残した言葉は、常識にとらわれたままでは理解が難しい。前回、紹介した『創造人類学入門』では、人間だけが認知の主体となる科学的な知とは違う「創造的な知」が提唱されていた。それは「認知」を自然と人間の共存の場からとらえようとする知のあり方だ。

岩田は言う。「認識の主体は必ずしもつねに人間ではないのです。石が人を認知する。水が人を認知する。そのとき、人と水が互いに自由になる」

岩田は世界をどうとらえようとしたのか。その理解の鍵は「アニミズム」にある。一九九三年の著作『アニミズム時代』（法蔵館）が、二七年後の二〇二〇年に文庫化された。冒頭の「はじめに〈アニミズムの時代〉が来る」で、岩田は自然のなかの応答、感覚のやりとりがわれわれのまわりで不断にくり返されているという。その往復運動のなかにカミが誕生するのだ、と。

一九世紀末にイギリスの人類学者エドワード・タイラーが提唱した「アニミズム」は、原始的な宗教とされてきた。岩田は、この万物に霊魂が宿ると信じるアニミズムを過去の遺物ではなく、いま目の前にある事実として、今日的で未来を志向する宗教としてとらえなおした。

民族紛争や宗教対立、人類と自然との共存の危機。そんな「未曽有の大変革期」にあって、人間中心主義的な人間と自然の管理という発想は限界に来ている。カオスに陥った現代で「混《こん》沌《とん》のままで混沌に対面しうる宗教はアニミズムだけではなかろうか」。岩田はそうつづる。

人類学は相手の立場に立ち、その行動と言葉によりそって理解し、表現しようとする。この方法をつきつめると、「自ら描こうとする絵の画中の人となって描く」ことが必要になる。異文化を客観的に解釈するだけでなく、みずからその世界の住人になる。そうすれば描かれた絵が生き生きと動きはじめ、「絵が、絵ではなくて真実の風景になる」。

人びとの描く宇宙という一枚の絵を前に、信じたり迷ったりしながら、最後に自分からその絵のなかに歩み入る。すると魂が森羅万象と自由に交流できる。岩田にとってアニミズムは、調査対象社会の宗教というより、その世界にふれた一人の人類学者としての生き方の問題だった。

岩田は「言葉を積み上げる作業から手を引きたいと思っている」と吐露する。言葉を操り、言葉の綾とりをするのではなく、言葉が不要な世界に立つ。水は容器に入ると形を結ぶが、そのままでは五感でとらえられない。ましてや「言葉ではつかまらぬ」。その水の世界こそが言葉の届かないところに広がる宗教の世界だ。

岩田は、曹洞宗の開祖、道元の言葉を引いて「水が水に出会う世界が宗教の世界だ」という。言葉は人間のあいだでは通用するが、人間と自然のあいだには通用しない。人間と木が対話することはないし、人間と魚、人間と鳥が話し合うこともない。しかし、宗教の世界ではそれがありうる。

言葉を介在させずに人生と自然を直接に考える。その岩田の試みは、人類学の調査であれば、互いに言葉という文化の衣装を脱ぎ捨てて交流することを意味する。人間と自然のあいだなら、言葉や概念でとらえるのではなく、水が水に出会うように草木虫魚と対話する。言葉／文化から解放された地平に立つからこそ互いに自由になり、創造的になる可能性が生まれるのだ。

岩田は東南アジアのフィールドでの経験を紹介する。ある木立の下を通るとき、村人から「黙って。この木の近くではしゃべってはいけない」と言われた。木のカミは騒音を嫌う。やかましい音をたてるとカミが行方不明になってしまうという。人間の言葉はそこでは騒音でしかなく、その使用が拒絶されている。川上にカミが住むという場所ではこう言われた。「心地よい音が響いてくるだろう」

言葉ではなく、直接に自然のなかでカミと出会う。そのためにも体に無数の穴をあけ、森羅万象のなかに融《と》けこむように「われわれのからだの作りそのものを変えたい」。それが「自分をふくむこの世界を新たに創造すること」になる。そうできなければ「二一世紀に今のような文明が生き残るはずはない」。

岩田の思想を「わかる」とは言えない。だがその言葉は、現在の最先端の人類学と共鳴している。次回はその話をしよう。

（二〇二二年二月二一日）

23. アニミズム

複数の言葉、話すおもしろさ

文化人類学の調査では、現地語の習得が欠かせない。意思疎通のとれる範囲が格段に広がるし、相手との信頼関係にもつながる。

最初にエチオピアに行く前、現地でもっとも広く話されているアムハラ語の文字や発音、文法などを半年ほど習った。国立民族学博物館に客員で来ていたエチオピア人の先生が熱心に教えてくれた。

それなりに勉強したつもりで現地に着くと、あいさつの言葉もろくに出てこない。愕然《がくぜん》とした。毎日、宿の前にいる靴磨きの少年たちから、あらためて話し言葉を学んだ。

文字や文法を覚えることと話すことは違う。会話を身につけるには、まず話したいと思う相手がいる。私の場合は目の前の少年たちだった。英語の話せない彼らと冗談を言い、たわいもない話ができるようになる喜びは大きかった。

会話は運動に近い。目で相手を見て、口や喉《のど》や舌を動かし、顔の筋肉や両手を動かす。話し言葉は、体を動かすことで身についていく。一度そのリズムを体が覚えると、もう忘れない。だから違う言葉を話すときは、性格まで変わる感じがする（私はエチオピアだと、だいぶ図々《ずう》しくなる）。

　異なる言葉を学ぶおもしろさは、別の自分と出会えることにある。心と体は一つの固定したものではない。複数の言葉を話すことで、僕らはいろんな身体を出入りすることができるのだ。

24. 参与観察　人々についてではなく　人々とともに研究する

北京冬季オリンピックが閉幕した四日後、また世界中を震撼《しんかん》させる事態が起きた。ロシアによるウクライナへの軍事侵攻は、いまだに人類が悲惨な戦争を回避できない現実を突きつけた。国家が対話ではなく、暴力で問題を解決しようとする。軍事力で他国を征服し、支配する。それは、ロシアを非難する欧米諸国も、歴史的に何度もくり返してきたことだ。「危機」のなかで、つねにふつうの人びとの命や生活が犠牲になっている。

人類学という学問も、一九世紀後半、列強諸国が強大な軍事力を背景に世界中を植民地支配する過程で発展した。西洋の人類学者が非西洋の人びとを一方的に研究し、表象する。たとえ銃や大砲を使わなくても、その非対称な関係は暴力的なのではないか。一九七〇年代以降、人類学は反省を迫られてきた。

二回にわたって紹介してきた人類学者の岩田慶治は、研究対象を理解・分析するだけでなく、みずからその世界を生きることを訴えた。それは、調査する側とされる側が対等な立場で共同作業をするという対称性を回復する試みでもあった。

現在、世界的に注目され、日本でも邦訳の出版が相次いでいるイギリスの人類学者、ティム・インゴルドが提唱していることも、岩田の議論と重なる。インゴルドは、『人類学とは何か』（奥野克巳・宮崎幸子訳、亜紀書房）の冒頭、次のように述べる。「私たちはどのように生きるべきか？間違いなく、人間はその問いを考え続けてきた。おそらく、その問いを考えることこそが、私たちを人間にする」

インゴルドは、人類学とは、この問いを考えるために世界中の人びとの知恵と経験を注ぎ込む学問なのだという。人類学者は、人びとの生活に深く参与し、巻き込まれながら研究する。「人類学とは、世界に入っていき、人々とともにする哲学である」。それは客観的な「知識」を増やすのではなく、「知恵」を手にするためのものだ。

知識は、説明したり、予測可能にしたりするために、概念や思考のカテゴリーにモノを固定しようとする。インゴルドが目指すのは、そうやって知識で武装し、知識の要塞《ようさい》に立てこもることではない。そうなると、人は周囲のことに注意を払わなくなる。

逆に、知恵があるとは、思い切って世界のなかに飛び込み、そこで起きていることにさらされる危険を冒すことだ。知識は人の心を安定させ、不安を振り払ってくれる。逆に知恵は、私たちをぐらつかせ、不安にする。「知識は武装し、統制する。知恵は武装解除し、降参する」

インゴルドも知識が不要だと言っているわけではない。知識に劣らず知恵が必要なのに、そのバランスは圧倒的に知識に偏っていて、知恵から遠ざかっている。人類学もずっと「知識生産」に関わってきた。調査したことを科学的な「データ」にする。それは「人々についての研究」だ。インゴルドは、人類学の参与観察という方法は「人々とともに研究する」ことだという。それは「他者の生を書くこと」ではなく、「生きる方法を見つけるという共通の任務に他者とともに加わること」だ、と。

他者を真剣に受けとること。インゴルドはそれが人類学の第一の原則だと主張する。それは他者との違いが私たちを「ぐらつかせ、不安にする」ことに向き合う姿勢でもある。人類学は、その不安に対して、調査対象の人びとが合理的ではないとか、論理的思考ができないとか、発達の初期段階の特徴があるといった口実をもちだして自分たちの現実を守ろうとしてきた。それは「私たちが＝知っている＝現実が侵されないままであると納得するための戦術」だった。他者を真剣に受けとれば、私たちの世界が別様にありうると認めるしかない。

この世界は知識によって全体像があきらかになるような固定したものではない。「世界はむしろ、絶えず生成しつつある」。だからこそ何が生じつつあるのか、目を凝らして注意を払わなければならない。

信じがたいことが起きつづけている。そんな映像や情報は私たちを不安にさせる。そこで不安から逃れるために、わかりやすい構図に現実を押し込めようとしていないか。私たち自身も問われている。

（二〇二二年三月二一日）

25. 共同体に属するとは　差異を持ち寄って共通の場作り出す

ティム・インゴルドは『人類学とは何か』のなかで、人類学が過去三〇年で根本的に変化したと述べている。それは、人間を含むあらゆる存在が関係のなかで相互に生みだされるという議論の登場だ。この関係論的な視点は、人間や社会とは何かという問いを大きく転換させた。

人は親から子へと遺伝情報を引きつぐ生物学的な個体として誕生する。しかし生まれるだけでは生きていけない。親をはじめ大人たちが手を差しのべ、食物を与えて教育し、ケアするという無数の行為のなかで生きることができる。

必要なのは人との関係だけではない。食料となる動植物が生育するようなさまざまな環境との関係も不可欠だ。人間が生物であることには、すでにあらゆるものと関係をもつ社会的存在であることが含まれている。

インゴルドは、人間は生物社会的な存在（バイオソーシャル・ビーイングス）だという。それは遺伝子と社会の産物だという意味ではない。生物であることと社会的存在であること、自然の有機体であることと人格をもち社会関係を築くこと、それらは二つのものではなく、一つなのだ。

インゴルドは、「関係」とは命ある存在が一緒にやっていく経験であり、それぞれの存在をつくりあげるあり方だと述べる。さまざまな関係が展開していくと、それらが結集する存在が絶えず生まれてくる。たとえば、他者との関係があなたのなかに入り込み、あなたをあなたという存在にする。同様に他者のなかにもあなたとの関係が入り込む。あなたは、他者と交わりつつも、自分と他者を区別する。しかし、すでに他者はあなたの内側にいるのだから、自他の「区別」も内側で起きている。インゴルドは、それを「交わることと区別することは、内側から進行していく」という。すべての存在は内側で働きかけているのであって、存在は相互の働きかけの内側にある、と。

もともと別々の存在があって、そのあいだに関係が生じているのではない。むしろ関係をとおして似ていたり異なっていたりする、さまざまな存在が生まれている。

この視点の転換は「私たちは誰なのか」というアイデンティティの問題とも関わってくる。インゴルドは「コミュニティ」の語源には「共に」と「贈りもの」の二つの意味が含まれていると指摘する。それらは「一緒に生きること」だけでなく、「与え合うこと」を含意している。「私たちが共同体に属しているということは、私たちがそれぞれ違っていて、与えるものをもっているからである」。それは根本的に関係論的なものだ。

誰もが互いにもちつもたれつの関係のなかで生き、自分たちが何者であるかを見いだしていく。共同体に属するとは、差異を同一性に譲り渡し、同じになることではない。異なるモノや経験や見解、技能などをテーブルに持ち寄るように共通の場をつくりだすことだ。インゴルドはそう強調する。

この視点は「社会」のイメージを刷新させる。たとえば、私たちは日本社会というはっきりした輪郭に囲まれて生きていると感じている。だがインゴルドは問いかける。「自分の社会がどこで終わり、別の社会がどこで始まるのか、あるいは、どの瞬間に社会は生まれたのか、あなたは言えるだろうか？」

古代ギリシャの哲学者ヘラクレイトスが「万物は流転する」と説いたように、社会生活の流れも絶えることなく変化する。社会はつねに「過程」なのだ。

しかし近代国家は市民のあいだの差異を許容せず、同一でありつづけることを要求する。それが同一な「私たち」とそれとは異なる「かれら」をつくりだす。まさに対立的な理解だ。西洋人と非西洋人、日本人と外国人、ロシア人とウクライナ人……。

かつて人類学も、そうした差異と同一性にねざした境界を強調してきた。関係論的なアプローチは、それとは異なる非＝対立的な理解を開くことを目指す。

「私たち」は、包含も排除もせず、ただ広がっていく。既存の遺産を守るのではなく、共通の基盤を探しながら、関係をもちながら結びついていく。敵対と憎悪が「私たち」と「かれら」の峻別《しゅんべつ》を迫る世界で、人類学は何を目指しているのか。次回もつづけよう。

（二〇二二年四月二二日）

贈り物に三つの義務

授業で「贈り物」について説明するとき、よくバレンタインデーを例に出す。

好きな人にチョコレートを贈り、受けとった人は一カ月後にお返しをする。こんな説明をすると、学生たちの反応が悪い。最近は、女子生徒どうしで贈り合う「友チョコ」がほとんどなのだそうだ。

中元や歳暮など、日本では贈答慣行が盛んだ。若い世代では廃れてきたかのようにみえて、バレンタインデーのようにあらたに普及するものもある。

友チョコも、義理チョコも、みんなが贈り合っていると、自分だけやらないわけにはいかない。一度はじまると、なかなかやめにくい。

この贈り物。人類学の重要な研究テーマの一つだ。『贈与論』を書いたマルセル・モースは、贈り物には三つの義務があると指摘した。与える義務、受けとる義務、お返しをする義務。これらの義務は私たちにもなじみ深い。

贈られるのは「物」だけでない。親しい友人や恋人どうしだと、マメに携帯でメッセージを送らないと印象が悪くなる。受けとりを拒否したら絶交と同じだ。受けとったら、ちゃんと返信しないといけない。

メッセージを読んだのに返信しないことが「既読スルー」と非難されるのも、贈り物の三つの義務のせいかもしれない。

いつの時代も、僕らは言葉や物を介して人とつながろうとし、同時にその関係のバランスをとろうとする。贈り物は、とっても奥が深い。

26. 三つの実験　世界の理解を解きほぐして解体された万物つなぎ直す

過去半世紀のあいだに人類学は大きく変化した。これまで紹介したように、人類学者が一方的に「他者」を調査研究することが批判され、双方向的な知のあり方が模索されてきた。その試みは、互いを知ることが同時にそれぞれの自己理解を問いなおすことであり、人間や社会を相互の関係をとおして考えようとする視点の登場につながった。それは、この世界をどう見るのか、という問いと結びついている。

人類学のフィールドワークでは、前もって設計された手順どおりに調査するわけではない。むしろ、たまたまその場に居合わせたことをつぶさに観察し、実際にその営みに参加しながら考える。

ティム・インゴルドは、『生きていること』（柴田崇ほか訳、左右社）で、人類学は自分たちの調査手法が観察者の偏見や先入観に左右されるという批判を過度に恐れてきたと指摘する。そして人びとの日々の生活が実験的であるように、人間の日常生活についての学問である人類学の調査も実験的なのだと論じる。どういうことなのか？

私たちは生活のなかで、より経験豊かな仲間に導かれながら、試行錯誤を重ねて生活のための知識を手にしている。まさに実験の連続だ。インゴルドは、こうした日々の生活のなかの実験は、仮説検証のための科学実験とは異なるという。

科学的な実験では、「真実」は生きられる経験の場にはない。学問が生産する知識体系のなかに存在する。一方、日常生活の実験は、予測される仮説や理論モデルを検証するわけではない。考えながら現実に活動した記録の集積だ。インゴルドはそれをこう表現する。「私たちは開かれの下、太陽の下で思考しており、人類学者のしているのも同じことなのだ」。

インゴルドはこのことを理解するために、三つの実験を提案する。①石を濡《ぬ》らして乾くまで放置して何が起こるか観察する、②靴を脱ぎ、裸足《はだし》になる、③木の板を鋸《のこぎり》で挽《ひ》く。

これらの実験は、分析に値する確実な結果を導くためのものではない。むしろ何を探求すべきか、その展望を示し、生についての人類学的研究方法の「地面を切り拓《ひら》く」。

最初の実験では、石の表面と空気という石をとりまく媒質（メディウム）のあいだで交わされる物質（サブスタンス）のやりとりの過程に注意が向けられる。石の表面の水が蒸発していくとき、大地や空気、水を含むすべてのものが流動し変化していく世界が目の前に開ける。

二つめの実験では、地面という地球の表面についての理解が、いかにブーツや靴を履いて舗装された表面を歩くことに影響されているかがあきらかになる。地面とは、生活のための均質な土台ではない。多様な住民の往来によって織り上げられる目の粗い布かパッチワークのようなものだ。

最後の実験からは、実用的な技能とされるものが、素材の抵抗、身のこなし、感覚経験の流れをまとめあげる作業であることがわかる。手で鋸を挽く運動にそってリズミカルに行為と知覚を協調させなければ、うまく板を切ることはできない。

三つの実験は、生命体の物質の流れが「身体」の内側に閉ざされておらず、「心」という複雑に絡み合った思考の流れも頭蓋骨に閉じ込められていないことを教えてくれる。

物は固定した抽象的概念ではない。むしろ素材（マテリアル）として、いろんな物事と混ざり合い、凝固し、溶解しながら出来事を経験している。そこでは素材が活《い》きている。それが閉じた物に封じ込まれると、命のない不活性なものとなる。人間もたんなる物体ではない。身体に活力を与える成分を外からとり入れ、また別の何かに与え返している。

同じく、風は物ではない。空気の流れであり素材の動きであり、「吹いていること」である。流れている水も、化学的組成をもつ物というより、「流れていること」である。そうであるなら「私」とは、「私がしていること」であり、「活動の群れ」である。

インゴルドが提示する人類学は、人間や自然の万物への私たちの理解を解きほぐしてくれる。近代の眼差《まなざ》しのなかでばらばらに解体された万物をつなぎなおし、「生きていること」をあざやかに蘇《よみがえ》らせる。次回、もう少し掘り下げてみよう。

（二〇二二年五月二五日）

26. 三つの実験

Column

社会映す、犬と人との関係

わが家に犬がきたのは、小学一年生のときだ。犬を怖がる私を母が心配して飼いはじめたそうだ。薩摩ビーグルの雑種で、なぜか祖父の家で飼われていた猫と同じチコと名づけられた。

小学生のころ、山の中腹に家があった。夜にチコを放すと、朝方、体中にひっつき虫をつけて満足そうな顔で帰ってきた。中学で住宅地に引っ越した。彼女はずっと犬小屋につながれるようになった。たまにオス犬がきた。二度目の出産のあと、不妊手術をした。子犬の貰い手はいなかった。大学で実家を離れ、ほとんど会わなくなった。私が最初にエチオピアに行っているあいだに、彼女は亡くなった。

エチオピアの村にも犬がいる。夜にハイエナがくると吠えて家畜を守る。つながれないので、餌をくれる家を自由に出入りする。石を投げられ、追い払われることも多い。みんな痩せていて、誰もなでたり、かわいがったりしない。でも飼い主への忠誠心は強い。「おいで」と言うと、ぴたっと人に寄り添い歩調を合わせる（チコならさっさと行ってしまいそうだ）。

人類は昔から犬とともに生きてきた。いまも警察犬や盲導犬として活躍するし、家族の一員にもなる。だが殺処分される犬も少なくない。犬と人間の関係に社会の姿が重なる。

ときどきチコのことを思い出す。成長して犬を怖がらなくなった私もいなくなり、軒下の小さな犬小屋で、毎日なにを考えていたんだろう。

27. グラフィックな人類学　「ともに存在する」仕方で人の生の条件と可能性探究

ティム・インゴルドは『生きていること』の冒頭、人類学とは「人が生きることとの条件と可能性をじっくりと着実に探っていく学問である」と述べている。

これまで人類学は、人間の生を生来の遺伝的性向が文化によってかたどられていく過程ととらえてきた。そこでの人間は「前もって定められた容器を満たすためにみずからの生を費やす生物」となる。自然の遺伝的条件と文化という社会的条件に操られ、人は死という終わりに向かって可能性を閉じていく。インゴルドはそうした見方をひっくり返そうとする。

「生きること」は出発地と目的地を直線で結ぶことではない。それは「無数の物たちが流動しながら生成、持続、瓦解《がかい》するなかを絶えず切り拓《ひら》き続けてゆくこと」であり、「開いていく運動」である。だとしたら、人類学者のやるべきことは、その運動の流れと一体化することだ。

インゴルドは「観察」とは、対象から距離をとって淡々と静観することでも、対象物を精神的なイメージや表象に変換することでもないと論じる。人類学者が書く古典的な民族誌では、人びとの生活世界の写実的な絵を、すでにできあがった完結した全体として提示することが目指された。キャンバスに空白を残さないよう、すべての余白が埋められ、その絵をつくる過程の修正や変更、描き損じなどが絵の具の下に隠されて全体の構図が保たれる。それに対してインゴルドは、線描によるグラフィックな人類学を提起する。

線描の線は、表面を覆いつくすのではなく、表面を糸のように織りあげていく。その線は消したり、隠したりできない。どこをどうたどったのか、そのすべての痕跡が残される。それは何が起こっているのかを追う観察的な身ぶりの痕跡である。客観的に研究しようと距離をおいて立つ見物人は盲目になる。「観察の目的は、観察されたものを再現することではなく、同じ生成的な動きに、観察されるものとともに参与することなのだ」

インゴルドは、この観察の実践と記述することを結びつける。「グラフィックな人類学」は、たんに文章を写真や映像などの視覚イメージにおきかえることではない。カメラやキーボードの代わりにペンや鉛筆を手に、生の終わりのなきプロセスに関わりつづけ、人びととともに研究する。それは手書きへの回帰であり、その線に生成の状況をよどみなく反映させようと試みることだ。

対象から距離をとる「について」の人類学は研究対象を他者化する。「ともに」研究することはともに存在することのプロセスである。

だが、そうやって人類学者が参与できるのは、この世界のほんのささいな断片にすぎないのではないか。そうした疑問が浮かぶ。インゴルドは、フランスの哲学者アンリ・ベルクソンの言葉を引いて、「本当の全体」が不可分の連続体だとすると、それは部分ではなく、全体をある視点から見たときの見え方の一つだという。

世界は独立した個別の実体と出来事から成り立っているのではない。個々の現象の本質には、それが具現する関係の全体が包み込まれている。生命は物質ではなく、プロセスであり、絶え間なく展開していく関係の場である。そのプロセスは、どこまでいっても現在進行形で、あらゆる瞬間にそのプロセスの全体が凝縮されている。

絵画でも線描でも、観察と描写は手をたずさえて同時に進行する。土地の形や輪郭を追いかける画家の視覚の動きと痕跡を残すための筆や鉛筆をもつ手の動きは、直接的に結びついている。この「知覚と行為の結びつきによって、画家は世界に・引き込まれ、描写の身ぶりとそれが生み出す痕跡において世界を・描き出す」。それが「ともに存在する」仕方で観察の道を進む、世界を知るための方法であり、人間の生の条件と可能性についての探究にほかならない。

インゴルドの絵画の比喩は、前に紹介した岩田慶治の「画中の人となって描く」(『アニミズム時代』)という言葉と共鳴する。独自の人類学を模索した、孤高の二人の思考が交わる。その交点に人類学を理解する鍵がある。

(二〇二二年六月二〇日)

27. グラフィックな人類学

旬を待ち、味わう喜び

岡山で暮らしはじめて三回目の夏を迎えた。例年、七月の岡山は活気にあふれる。白桃の季節なのだ。

農協の直売所に立派な桃がずらりと並び、甘い香りが漂う。お中元で各地に送る人が行列をなし、宅配便の運転手がひっきりなしに出入りする。ふだんは何もない河原に生産者が軽トラで乗りつけ、即席の直売会が開かれることもあった。

贈答用の白桃は高価で手が出ない。でも、同じ桃が少し表面に傷があるだけで、格安で手に入る。生産地ならではの楽しみ方だ。

白桃の時期はとても短い。八月に入ると、すっと姿を消す。そして、ぶどうの季節になる。岡山のぶどうがまた格別においしく、さらに一二月ごろまでいろんな品種が楽しめる。岡山に来て以来、その季節にしかない旬の果物や野菜を心待ちにしながら、ありがたく味わうようになった。

最近はエチオピアでの調査が大学の長期休暇に限られるので、果物がたくさん実る時期には行けない。最初にエチオピアに長くいたときは、庭のマンゴーの木から直接とって食べていた。熟しきる前の青いマンゴーはさわやかな甘酸っぱさが口いっぱいに広がる。

バナナも、日本に輸入されるのは熟す前に収穫したものだが、実がなったまま熟した村のバナナは驚くほど芳醇《ほうじゅん》な香りがする。思い出すたびに、感動がよみがえってくる。

いつでも何でも好きなものが手に入る。それは「豊かさ」ではないのかもしれない。

28．貨幣と暴力　暮らしを犠牲にする国家の論理とは

二〇二二年二月にロシアがウクライナに侵攻してはじまった戦争は、まだ終わりが見えない。五月か六月には終結するという臆測もあったが、いまも日々、多くの兵士や市民の命が失われつづけている。この戦争が不気味で私たちを当惑させるのは、二一世紀になってもなお、国家が他国を侵略して領土を拡張する帝国主義的野望が過去のものではなかったと突きつけられるからだ。

巨大IT企業GAFAMの時代だと言われてきた。だが今回、グーグルもアップルもマイクロソフトも、早々にロシアでの事業停止を決めた。グローバル資本主義の時代、国境を超える企業活動が活発化し、国家の存在感は薄れつつあった。しかし現在、国家が起こした戦争のために世界中の経済が停滞し、物価高でロシアを含む各国の市民生活が困窮を余儀なくされている。

人びとの命や暮らしを犠牲にしてまで追求される国家の論理とは何か。この問いは、国家なき社会を研究してきた人類学にとっても大きな問いだ。すでに紹介したデヴィッド・グレーバーは、世界的なベストセラーとなった『負債論』（酒井隆史監訳、高祖岩三郎・佐々木夏子訳、以文社）で、貨幣の歴史をふりかえり、その国家と暴力との関係を描きだしている。

過去五〇〇〇年の人類史をたどるにあたり、グレーバーはまず奴隷制に言及する。奴隷制は人類史において何度も廃棄されてきた。ローマ帝国の崩壊後、ヨーロッパでは数世紀にわたり奴隷制が姿を消した。その消失は当時の知識人や政治権力が奴隷制を擁護していたにもかかわらず起きた。一般大衆のあいだに根強い反感があったからだ。

この古代奴隷制の消滅は、同時期にインドや中国でも起きている。グレーバーは、こうした歴史的に重大な変化が地理的空間を横断して周期的に生起していると指摘する。その歴史のサイクルを可視化する最良の方法が貨幣・負債・信用の歴史を再検討することだった。

硬貨の鋳造は、紀元前五〇〇〇年ごろからほぼ同時に三つの異なる場所ではじまった。中国北部の大草原、北東インドのガンジス川流域、エーゲ海周辺で別々に異なる技術で硬貨が鋳造された。そして千年以上かけて、あらゆる地域で国家による貨幣の発行がはじまる。

しかし六〇〇年ごろ、つまり奴隷制が消失した時代に、突然この動きは止まる。硬貨を使用しない信用取引への回帰が起きた。ユーラシア大陸五〇〇〇年の歴史は、信用取引が支配的な時代と金銀の貨幣使用が支配的になる時代とが長期にわたって交互に入れ替わっている。これがグレーバーの提示した歴史像だ。

では、なぜ金銀などの硬貨の使用が国家の暴力と関係しているのか。それは硬貨が容易に盗めるからだ。現金が優勢になる時代、それは戦争という暴力が全般化した時代だった。ツケで物を売り買いする信用取引には長期的な信頼関係が欠かせない。しかし戦争と暴力の危険がまん延する世界では、そうした永続的な社会関係は望めない。奪われた戦利品の大部分が金銀からなるだけではない。各地を転戦する兵士たちが知らない土地で物資を調達するのにも硬貨は欠かせなかった。

グレーバーは、そこから仮想の信用貨幣に支配された農業帝国時代（紀元前三五〇〇年～紀元前八〇〇年）、硬貨の鋳造が開始され金属の地金への全般的転換がみられた枢軸時代（紀元前八〇〇～紀元後六〇〇年）、仮想の信用貨幣に回帰した中世（六〇〇年～一四五〇年）、地球規模での地金への揺り戻しが起きた資本主義帝国時代（一四五〇年～一九七一年）という歴史区分を示す。それは、まさに国家の論理と経済の論理がいかに結びついてきたのか。その絡まりを人類史の視点からあきらかにする壮大な試みだった。

安倍元首相が銃撃されて亡くなる痛ましい事件が起きた。ロシアのプーチン大統領は遺族宛てに弔電を送り、犯罪者によって傑出した政治家の命が奪われたことに弔意を表したと報じられている。

ウクライナでは、ロシア軍による攻撃で数千人にもおよぶ市民の命が失われてきた。哀悼される命と国家の犠牲にされる命。犯罪とされる暴力と正当化される暴力。この混沌《こんとん》とした世界に、心が千々に乱れる。落ちついて目の前の事態を見つめるためにも、もう少しグレーバーの議論に耳を傾けよう。

（二〇二二年七月二二日）

29. 枢軸時代　「利己的な人間像」が生まれ、仁愛や慈悲説く議論が活発化

グレーバーは『負債論』のなかで、鋳造貨幣が広く用いられたのは、国家による戦争の暴力が蔓延《まんえん》する時代だったと論じた。その最初の大戦乱期は、哲学者カール・ヤスパースが「枢軸時代」と呼んだ時期（紀元前八〇〇―紀元前二〇〇年）と重なる。

ヤスパースは、この時期にギリシアからインド、中国にかけて類似した哲学的議論が一気に開花したと指摘した。ピタゴラスも、ブッダも、孔子も同時代人だ。グレーバーは、そこにイエスやムハンマドが活躍した「霊魂の時代」（西暦六〇〇年まで）を加え、枢軸時代を再定義した。すると、世界のすべての主要な哲学的潮流だけでなく、ゾロアスター教、預言者的ユダヤ教、仏教、ジャイナ教、儒教、道教、キリスト教、イスラム教という主要宗教のすべてが誕生した時代となる。

この枢軸時代、まさにこれらの哲学と宗教の起源地となった中国の黄河周辺、インド北部のガンジス川流域、エーゲ海沿岸部で鋳貨が発明された。最古の硬貨が鋳造された西部アナトリア（現トルコ）のリュディア王国でも、アナトリア半島沿岸地帯のギリシア人都市国家でも、インドや中国でも、いずれも民間人が鋳貨を発明し、国家がすぐさまそれを独占した。

硬貨の素材である金、銀、青銅は、それまで富者だけが手にできる宝物だった。枢軸時代、

それがいっせいに変化し「脱宝物化」する。すなわち大量の貴金属が神殿や富裕層の邸宅からとりだされ、人びとの手に渡り、小さな断片に分解されて日常の取引で使用されはじめたのである。

グレーバーは、戦争が一般化した時代、それらの貴重品が兵士によって略奪されたというイスラエルの古典学者シャップスの説を紹介する。略奪によって貴金属が兵士たちの手に渡り、市場がそれを住民に浸透させた。当時、訓練を受けた職業軍人によって編成される新種の軍隊が隆盛した。ギリシア人が硬貨を鋳造しはじめたころ、重装歩兵による戦術を発展させたギリシア人傭兵は、エジプトからクリミア半島までひっぱりだこだった。傭兵は当然、価値ある報酬を必要とする。そこで戦争の略奪品である貴金属が分配されたのだ。

諸国家はあらたな軍隊を管理下におき、略奪品の金属塊を純正の硬貨に転換した。以後、国家発行の硬貨で常備軍への支給を行い、その硬貨だけを税金など国家への支払いに受け入れると布告する。それによって、国家は統一的な国内市場を確立させた。さらに、こうした金属は戦争で獲得されたか戦争で捕虜にされた奴隷によって採掘されていた。

たとえば一二万人規模のアレクサンドロス大帝の遠征軍は、兵士への賃金だけで一日〇・五トンの銀を必要とした。侵略軍を維持するために、戦争で獲得した捕虜を奴隷として鉱山採掘に従事させた。

さらにバビロンやペルシアの神殿に備蓄されていた大量の金銀をとりだし、侵略先で国家の鋳造貨幣での税の支払いを命じた。貨幣をもたない家庭は、税の支払いのために借金するか、子弟を兵士に出すしかない。こうして大量の兵士と貨幣と奴隷が流通するようになったのだ。

グレーバーは、この制度を「軍事＝鋳貨＝奴隷制複合体」と呼ぶ。しかし、この制度はくり返し民衆叛乱《はんらん》と債務危機を引き起こした。ローマ帝国末期には、富裕な金貸しや領主への借金に苦しむ地方の平民が負債懲役の農奴となり土地に縛りつけられた。こうして帝国辺境でゲルマン人の武装化と徴兵に依存したことが、帝国滅亡へとつながる。

では、なぜ暴力の時代に哲学や宗教が開花したのか。グレーバーは、貨幣による市場取引が発展するなかで、自己利益を計算し、それを利己的に追求する人間像が生まれたからだという。それは同時に、その反転した鏡像である、私的利益を否定して仁愛や慈悲を説く議論を活発化させた。

利己と利他、利潤と慈愛、唯物論と唯心論、こうした二元論が哲学と宗教の基礎をつくった。この時代の宗教が自己利益を否定し、慈愛を説いたのは、一方で戦争と市場で純粋な利己的人間像が現実化していたからだ。宗教はその冷徹な現実の対極に彼岸となる別世界を見いだし、人びとを解放した。グレーバーの描く歴史像には目を開かされる。さらにつづけよう。

（二〇二二年八月二二日）

29. 枢軸時代

30. 中世　仮想信用通貨への回帰　宗教的権威台頭の時代

グレーバーが書いた『負債論』は、私たちの歴史観に根底から揺さぶりをかける。それは、国家や市場といった支配的制度が一直線に発展・拡大してきたというイメージを大きく覆すからだ。

前述したように、鋳造貨幣が普及した枢軸時代（紀元前八〇〇～西暦六〇〇年）は、戦争が一般化した暴力の時代だった。同時に多くの宗教や哲学的思想も誕生した。では、その後の歴史はどう展開したのか。

ヨーロッパではローマ帝国の崩壊後、中世（六〇〇～一四五〇年）には都市が放棄され、経済は「物々交換に回帰した」とされてきた。鋳貨を発行し流通させた戦争機械である帝国が消滅したからだ。

だが、グレーバーは「硬貨」の不在は「貨幣」の不在を意味しないという。現金がなくても、信用にもとづく取引が継続していた。流通していないローマ帝国の通貨単位で利子率や抵当を計算し、帳簿がつけられていたのだ。それは物々交換ではない。仮想の貨幣による「信用取引」である。

他の地域でも同じことが起きた。インドでは紀元前二世紀にマウリヤ朝の滅亡後、分裂した諸国家が弱体化し、集権化された軍隊が解体した。兵士や官吏への支払いは給与ではなく土地の供与になり、硬貨の流通量が減少する。この時代、国家にかわって富を蓄積したのが仏教やヒンズー教の寺院だった。

人びとは「永代寄進（無尽蔵）」というあらたな形式で寺院に物財を寄進した。硬貨が流通しなくても、貴金属がなくなるわけではない。かつてメソポタミアの神殿から貴金属がとりだされて硬貨が鋳造されたのと逆向きに、金などの貴重財が寺院に集積された。寺院はその財を年利一五％で貸し付け、その利子を寺院の運営費として配分した。実際に取引されていたのは動物や麦、絹、バター、果物といった財で、それらの利子率も細かく定められていた。

地元の特権的バラモンを頂点とするヒエラルキー原理が国家の法律行政権を奪取し、国家の存在は日常生活から遠いものになった。地主カーストと農民、床屋、鍛冶屋、皮なめし人、巡回販売人、洗濯屋などのサービス・カーストの全成員が階層秩序に位置づけられ、現金を使わずに、それぞれの職務で貢献する仕組みができあがった。

帝国や軍隊、現金経済の衰退と国家から独立した宗教的権威の台頭。それが中世の典型的パターンである。中国でも、西暦二二〇年ごろの漢王朝崩壊後、国家の解体、諸都市の縮小、硬貨の減少が起きた。インドと同じく、仏教寺院への寄進が増大し、富の集積も起きた。ほとんどの僧院には付属の質屋があり、貧者は家財を質草にして低利子で借金することができた。僧院は、農場や製油所、製粉所、商店、宿泊施設などを運営し、何千もの抵当となった労働者を抱える産業複合体となった。

中国では、官僚制の働きで青銅製の小額硬貨の流通が維持された。それでも地域の商店主や商人は勘定計算のほとんどを割符棒で記録した。切り込みの入った竹の棒を債権者と債務者で半分ずつ保管し、返済時につきあわせて負債帳消しの印として破壊した。やがて割符は約束手形となり、その手形が通貨のように機能した。これも地金とは連動しない信用貨幣の一種だ。

一五世紀以降、大航海時代の到来とともに、ヨーロッパ列強は侵略と植民地支配を拡張させる。この大資本主義帝国の時代（一四五〇～一九七一年）、ふたたび国家による暴力の蔓延《まんえん》と地金の流通が加速した。アメリカ大陸、そして日本でも、さかんに金や銀の鉱山が採掘された。この時代、人はみな自己利益を追求するという思想が主流となる。

グレーバーは、この過程を信用経済が利益の経済に転換され、非人格的な国家権力の侵入によってモラルのネットワークが段階的に変容させられる物語として描く。

一九七一年、米国のニクソン大統領がドルと金の兌換《だかん》停止を宣言する。それは、グローバルな信用貨幣システムが金との連動から切り離され、信用取引を拡大させる出来事だった。国家の力の衰退も象徴している。はたしてグレーバーが描く歴史像から現代の国家の暴力をどう考えたらよいのか。次回、要点をまとめよう。

（二〇二二年九月二六日）

30. 中世

Column

「人＝労働力」に違和感

一〇年ほど前からよく同じ光景を目にする。エチオピアや中東の国際空港でたくさんのエチオピア人女性が列に並んでいる。ほとんどが中東で家政婦として働く出稼ぎ女性だ。

はじめの頃は、文字を書けない女性が他の乗客に出国カードの記入をお願いする姿もあった。機内では座席の倒し方がわからず、「チキンかビーフか?」という英語も理解できず、じっと身じろぎもせず不安そうな顔をしていた。

私が調査してきたコーヒー栽培農村では二〇〇八年から海外出稼ぎが急増した。背景には政府の外貨獲得政策もある。一〇代後半の女性から、やがて既婚者も出稼ぎに行くようになった。みなが口をそろえる。「家族のために働く」と。

村では彼女たちの送金で立派な家が建ち、テレビを買う家庭も増えた。数年の契約を終えて帰国した人の多くが、また働きに出ようとする。

家がきれいになっても、収入は変わらない。コーヒーは価格や収量が不安定なので、送金は貴重だ。それでも渡航を思いとどまらせようとする家族が多い。雇い主からの暴力や過労などで心身を病むケースもあるからだ。日本も、人手不足解消のために海外の労働力に期待している。でもどこの国の人にも大切な家族や無事の帰りを待つ人がいる。村人の顔を思い浮かべると、人を労働力としかみない見方への違和感が拭いきれない。

31. 不平等の起源　歴史の不可逆性を疑う姿勢　多様な生き方選びとる自由

デヴィッド・グレーバーは『負債論』で五千年の人類史をたどり、鋳造貨幣が流通する国家による戦争の時代と国家が衰退して現金が使われなくなる信用取引の時代とが交互にくり返されてきたと論じた。

この行きつ戻りつする歴史像は、考古学者デヴィッド・ウェングローとの共著で遺著ともなった『万物の黎明』（酒井隆史訳、光文社）でもさらに掘り下げられている。

紀元前一万年前に農耕が発明されると、小規模な集団に分散して狩猟採集の移動生活をしていた人類が集住して都市をつくり、国家を形成し、文明を発展させた。この「新石器（農耕）革命」や「都市革命」といわれる大転換は、現在でも私たちの歴史観の基盤にある。定住農耕は私有財産をもたらし、狩猟採集の平等社会から都市や国家のもとで階層的で不平等な社会が生まれた。

グレーバーらは、こうして定住化や都市化に不平等の起源を見いだす古くからの議論を明確に否定し、新石器革命など存在しなかったと指摘する。

考古学や人類学の証拠からは、農耕の開始以前にも人類が階層的な社会を築いていたことがわかる。たとえば、ロシア北部やチェコ南部で発掘された三万四千年から二万六千年前の遺跡からは、豪華な装飾品を身に着けて埋葬された人骨が出土している。大量の装飾用のビーズはマンモスの牙やキツネの歯を精巧に加工していた。それは、特別な社会的地位の者や専門的な職人がいたこと、貴重な物品を遠方から輸送していたことを示している。

北極圏のイヌイットに関する人類学的な研究は、夏と冬とで居住形態から宗教、法や政治体制までが一変することを明らかにしてきた。夏に小集団に分かれてカリブーやトナカイを狩猟するときには、財産の所有権を明確にし、家長が強制的な権力を行使する。しかしアザラシやセイウチが海岸に集まる冬になると、人びとは集住し、私的所有を否定して富を分け合う平等な生活を送った。ところが北米先住民の研究からは、逆に冬に階層化が起きることがわかっている。つまり狩猟採集生活でも、政治体制や社会制度はつねに可変的で多様なのだ。

一九七〇年代に発掘されたウクライナやモルドバの遺跡からは、紀元前四一〇〇～三三〇〇年ごろの巨大な環状集落跡が見つかった。最古の都市とされるメソポタミアのウルクより数百年古い。そこでは家畜飼養と組み合わせた小規模な農耕と同時に狩猟採集も行われ、住民が果樹園や森林を管理していた。黒海などから大量の塩が輸入され、バルカン半島からは銅も供給された。

興味深いことに、この人口が一万人を超える「メガ・サイト」からは八〇〇年にわたり戦争や社会的エリートの台頭を示す証拠が出ていない。民主的な政治経済の仕組みがあったと考えられている。

これらの事例は、日本でもよく読まれる『サピエンス全史』のユヴァル・ノア・ハラリや『銃・

病原菌・鉄』のジャレド・ダイアモンドなどの議論に真っ向から挑戦するものだ。定住農耕や都市化が人類に平等から不平等への不可逆の変化をもたらしたわけではない。

人類が一直線に発展してきたという歴史観のもとでは、近代西洋で自由や平等、民主主義といった概念が誕生したことが自明とされてきた。グレーバーらはむしろアメリカ先住民の思想がヨーロッパに伝わり、近代社会の基礎となる啓蒙《けいもう》思想に影響を与えたと論じている。

グレーバーらの議論は一貫している。歴史は不可逆なものではない。いま私たちが近代国家や資本主義のもとで生きていても、別の選択肢はある。人類は、つねに多様な社会のあり方や生き方をみずから選びとってきたからだ。

遠方の地で歓迎されるとわかって自分のコミュニティを捨てて移動する自由、季節に応じて異なる社会構造のあいだを行ったり来たりする自由、報復をおそれず権威に服従しない自由。グレーバーらはこれらの自由を人類は遠い祖先から受け継いできたという。それなのに現代では、自分たちにそうした自由があることすら想像できなくなっている。

二〇二二年九月にロシアで「部分動員令」が出ると、大量の若者などが国境を越えて隣国に逃れたと報じられている。国民を徴兵できなければ、国家は戦争を遂行できない。命令に従わず移動し、移動してきた人を受け入れる。別の社会のあり方を選びとる。国家の暴力に直面する私たちが人類の歩みから学ぶべきことは多い。

（二〇二二年十月二四日）

海外へと駆りたてるもの

調査でエチオピアに行くたびに急速な変化に驚かされる。

二〇一五年の年末、一年ぶりに村を訪ねると、お世話になってきた農民男性の孫娘がヨーロッパにいると知らされた。彼女は二〇〇九年にスーダンに行き、家政婦として働いていた。現地でエチオピアの男性と結婚したあと、しばらく音信不通だった。

数年ぶりに連絡を受けた家族によれば、スーダンから陸路でリビアに行き、地中海を船で渡ったそうだ。二〇一五年といえば「欧州難民危機」の年だ。一〇〇万人を超える大量の難民が中東やアフリカからヨーロッパに押し寄せた。そのなかに彼女もいたのだ。

村の別の女性は、もう一〇年近く中東の都市で働いている。はじめて出稼ぎに出たのは二〇〇八年、一七歳のときだった。雇い主から暴力を受けて家を飛び出し、渡航から五カ月で強制送還になった。

母親曰《いわ》く「死体のように」やつれて村に戻った彼女は、また海外に出る道を選ぶ。最初の渡航で家族は多額の借金を抱えていた。「借金を返すまでは、じっとしていられない」。そう言った彼女は借金を返し、家族のために故郷に家を建てたあとも、外国の地で働きつづけている。

豊かさへの憧れが人を移動に駆りたてる。アフリカの人にとって、それはまさに命がけだ。たまたま豊かな国に生まれただけで見えない特権がある。日本にいるとその特権には気づきにくい。

32. 最善のシステムとは　立ち止まって資本主義を疑うより良い制度のビジョン模索

本連載は二〇二〇年四月にはじまった。ちょうど世界中がパンデミックの恐怖にのみ込まれはじめたころだ。その後も、戦争や異常気象、食料危機、物価高騰など、世の中は不確実性に脅かされつづけている。心の奥底に拭いきれない不安がこびりついてしまったような時代だ。

この連載では、人類学者がそんな時代をどう考えているのか。人類学の視点からこの世界をどうとらえられるのか、探ってきた。それは、たんに私たちを脅かす大きな力や支配的な見方を批判するだけではなく、どうしたらよりましな世界がつくれるのか、そのためにどんな視座が必要なのかを模索する試みだった。

これまで数回かけて紹介してきたデヴィッド・グレーバーは、チェコの経済学者トーマス・セドラチェクとの対談本『改革か革命か』(三崎和志・新田智幸訳、以文社)のなかで、資本主義が歴史上もっとも成功したイデオロギー的プロジェクトになりえたのは、私たちに他の制度がありえないと信じ込ませたからだと述べている。

既存の構造のなかでこの制度を維持し、操作するしか選択肢はない。多くの人はそう信じている。それは国民国家という制度も同じだ。グレーバーの言葉をふまえれば、人類学者のひとつの役割は、いま私たちを覆っている動かしがたいと思える構造は、別のものに変えられるのだ、というビジョンを示すことにある。

グレーバーは二〇一一年九月にはじまる「オキュパイ・ウォールストリート（ウォール街を占拠せよ）」運動で中心的な役割を果たしたことでも知られる。彼が作成に関わった運動のスローガン「私たちは九九％である」には、アメリカで上位一％の富裕層が資産を増やしつづけている現状への批判が込められていた。

グレーバーは、この運動が提示したことは「政策」ではなく、「ビジョン」だったという。政策的な提案は、特定の制度的な構造のなかで実現される。運動が提示したのは、その制度的構造自体への別の選択肢、いまとは違う原理で作動する直接民主主義的な仕組みへのビジョンを模索することだった。運動参加者のなかには特権をもつ指導者や幹部はいなかった。活動方針はすべての人が参加できる「ゼネラル・アッセンブリー」（総会）での合議制で決定された。

現実の法律制度は、違反すれば国家が強制的に罰を与える仕組みで成り立つ。グレーバーは、その構造のなかでは、逆に誰もが法を犯さなければ何をしてもいいと利己的な行為が促されると論じる。一方で誰もが好きなように勝手にふるまう状況を生みだしながら、だからこそ力にもとづく法という制度が必要不可欠だと思い込まされているのだ。法はみずからを正当化する必要をつくりだしている。グレーバーはそう述べる。

制度やシステムに依存しているうちに、それを動かしているのが自分たちだという意識が薄れ、よりよい状況をつくるのに必要な創意工夫やアイディアを思い描く機会も失われてしまう。運動のなかでその実地の体験をすることで、グレーバーは、あらたなビジョンを思い描くために何からはじめるべきか、小さな種をまいたのだという。それはまた別の場所で、よりよき状況へと向かう別の動きを芽吹かせる。

グレーバーは、システムが当事者意識を失わせる例として、アメリカ企業のCEO（最高経営責任者）のグループが大統領あてに出した手紙を例にあげる。手紙のなかで彼らは、地球温暖化の解決のために企業に期待してもうまくいかないので、排出量などに関する規制をつくるよう政府に求めた。

グレーバーは、むしろ資本主義というシステムを動かしている側の人間たちがシステムに操られていると思い込んでいると指摘する。このシステムが破壊的な効果を発揮し、社会に破局をもたらしかねないと気づいても、みずからそのシステムを支える行動を止めることができないでいるのだ。

二〇二二年九月に日本の財務省が発表した法人企業統計によると、二〇二一年度の企業の内部留保は五〇〇兆円を超え、一〇年連続で過去最高を更新した。資本主義は、資本を投資して殖やすことで成り立つ。もし企業がもはや資本を殖やせないと考えているとしたら、それは資本主義が破綻しつつあると企業自身が気づいている証しかもしれない。

危機の時代にどう次のビジョンを思い描くのか。次回が本連載の最終回になる。最後にまとめよう。

（二〇二二年十一月二二日）

32. 最善のシステムとは

Column

エチオピアと水俣、つなぐ線

二〇一八年二月から続いた連載も今日で最終回。調査地のエチオピアだけでなく、生まれ育った熊本やいま暮らす岡山にもふれてきた。

文化人類学は研究対象だけを知るための学問ではない。私自身、エチオピアを通して日本について考えてきた。エチオピアの村人の視点に立つと、自分の常識があたりまえでないことに気づく。日本の問題を違う角度から考える糸口が見える。これが比較や相対化という人類学の手法だ。

今春、岡山の本屋で石牟礼道子の『苦海浄土』を読む会をはじめた。いまこの作品に向き合うべきだという直感があった。先日、帰省の折にはじめて水俣を訪ねた。これまであえて避けてきたように思う。

水俣で起きたことはエチオピアの現在とつながる。発電用のダム建設で下流の氾濫原《はんらんげん》を耕していた民族が生活の糧を失った。輸出用の商業農園のために家畜の放牧地が奪われた。国家や企業の大きな目標のために、小さき者たちの暮らしが犠牲になる。それは日本でもくり返されてきたことだ。

水俣では不知火の海を体で感じたいと思った。『苦海浄土』で病に冒された元漁師が語る「ほんに海の上はよかった」という言葉が胸に残っていた。

静かな朝凪《なぎ》の海にカヌーで漕《こ》ぎ出す。エチオピアと水俣をつなぐ線から何がみえるか、まだわからない。祈りを込めて、湿り気のある潮風を胸いっぱい吸い込んだ。

33. 捉え返す視点　未知なものを身近なものに、身近なものを未知なものに

先の見えない時代だ。でも「見えない」のは、これから何が起きるかだけではない。何が起きてきたのかも容易には見えない。国家が公文書を改ざんし、隠蔽《いんぺい》し、廃棄する。オリンピックの大会組織委員会元理事が収賄の疑いで逮捕され、広告会社の受注調整による談合疑惑も捜査が進む。もはや「陰謀論者」を責められない。想像をはるかに超えることが現実に起きている。

本連載では、その時々の社会情勢を意識しながら、人類学の「ものの見方」を紹介してきた。しかし、この「人類学者のレンズ」は人類学者だけのものではない。大手経済紙フィナンシャル・タイムズ（FT）米国版の編集委員会委員長ジリアン・テットは『アンソロ・ビジョン』（土方奈美訳、日本経済新聞出版）で、人類学的な視点が企業で働く人にも、ジャーナリストにも重要な意味をもつと力説している。

旧ソ連タジキスタンでの婚姻儀礼の研究で人類学の博士号をとったテットは、研究者の道には進まず、FTの記者となった。彼女は、世界の問題の理解に人類学的思考が有効だと論じる。不確実性が高い時代には、過去の限られた変数やデータをもとに設計された視野の狭い予測ツールは役に立たない。人類学の広がりのある「アンソロ・ビジョン（人類学的視野）」が必要になる。

テットは三つのエッセンスをあげる。一つめは、未知なるものを身近なものへと変える視点

だ。人類学は異文化を研究し、そこに意味や合理性をみいだしてきた。異質なものを拒絶せず、差違の背後にある文脈を子どものような目で観察する。それは自分のあたりまえを疑い、相手の身になって考える姿勢だ。

たとえば同じ商品やモノでも、世界中で同じ意味をもつとは限らない。チョコレート菓子「キットカット」の日本担当マーケティング幹部は、なぜか九州で一二月から二月に売り上げが伸びていることに気づいた。調査すると、商品名が「きっと勝つとぉ」という方言の響きに似ており、受験のラッキーアイテムになっていた。

桜のイラストを使い、「キット、サクラサクよ」とコピーを入れると、全国で売り上げが急増。販売方法や味も工夫し、日本の土産物として海外の観光客が購入するまでになった。スイス本社のマーケティング戦略責任者に抜擢《ばってき》された日本人幹部はこう説明する。「重要なのは先入観を排して、消費者のいる場所で、その言葉に耳を傾けることだ」。テットは、これをアンソロ・ビジョンの一例として紹介する。

二つめは、逆に身近なものを未知なものにとらえ返す視点だ。私たちは慣れ親しんだ物事がふつうで、よくわかっていると思い込む。だが人類学者は、誰もが他者の目から見れば変に見えると知っている。だからあえて距離をとって見ようとする。

タジキスタンでの調査を終えたテットはＦＴの経済チームに配属された。二〇〇四年ごろからロンドンの金融街シティーの関係者に自由に語ってもらうインタビューを行い、業界のカンファレンス（会合）に足を運んで話を聞くうちに、テットは内部の人間ですら業界の全体像が見えず、その矛盾やリスクを意識していないと気づく。

あたりまえすぎて考えないこと、語られないことがある。そこからテットはリスクが蓄積していると感じ、問題を指摘する記事を書いた。二〇〇八年にはじまる金融危機の前夜だった。他のジャーナリストはその危険性を察知できなかった。あたりまえだという思い込みから問題が見過ごされてきたのだ。

この二つの視点から、テットは社会的沈黙に耳を澄ますことを三つめのエッセンスにあげる。トランプ氏が大統領選に出馬したとき、米国のエリート層は誰もその存在を真剣には受けとめていなかった。テットは、貧困地区出身の友人からプロレスの試合を観に行くよう勧められる。その儀礼的パフォーマンスは、トランプ氏の支援者集会や選挙運動と酷似していた。群衆とともにプロレス観戦を体感したことで聴こえてきた「声」だった。

誰も問題にしていないことは何か。何が語られていないのか。耳を傾けていない相手は誰か。自分のレンズが汚れていると自覚し、それが完全にクリーンにはならないと肝に銘じて別の視点の可能性を探る。テットはその重要性を説く。

人類学の視座から世界がすぐに見えるようになるわけではない。むしろまだ見えていないという自覚が、さらなる探究へと向かわせる。この自省的態度が人類学者のレンズを手にする第一歩である。

（二〇二二年十二月二十六日）

33. 捉え返す視点

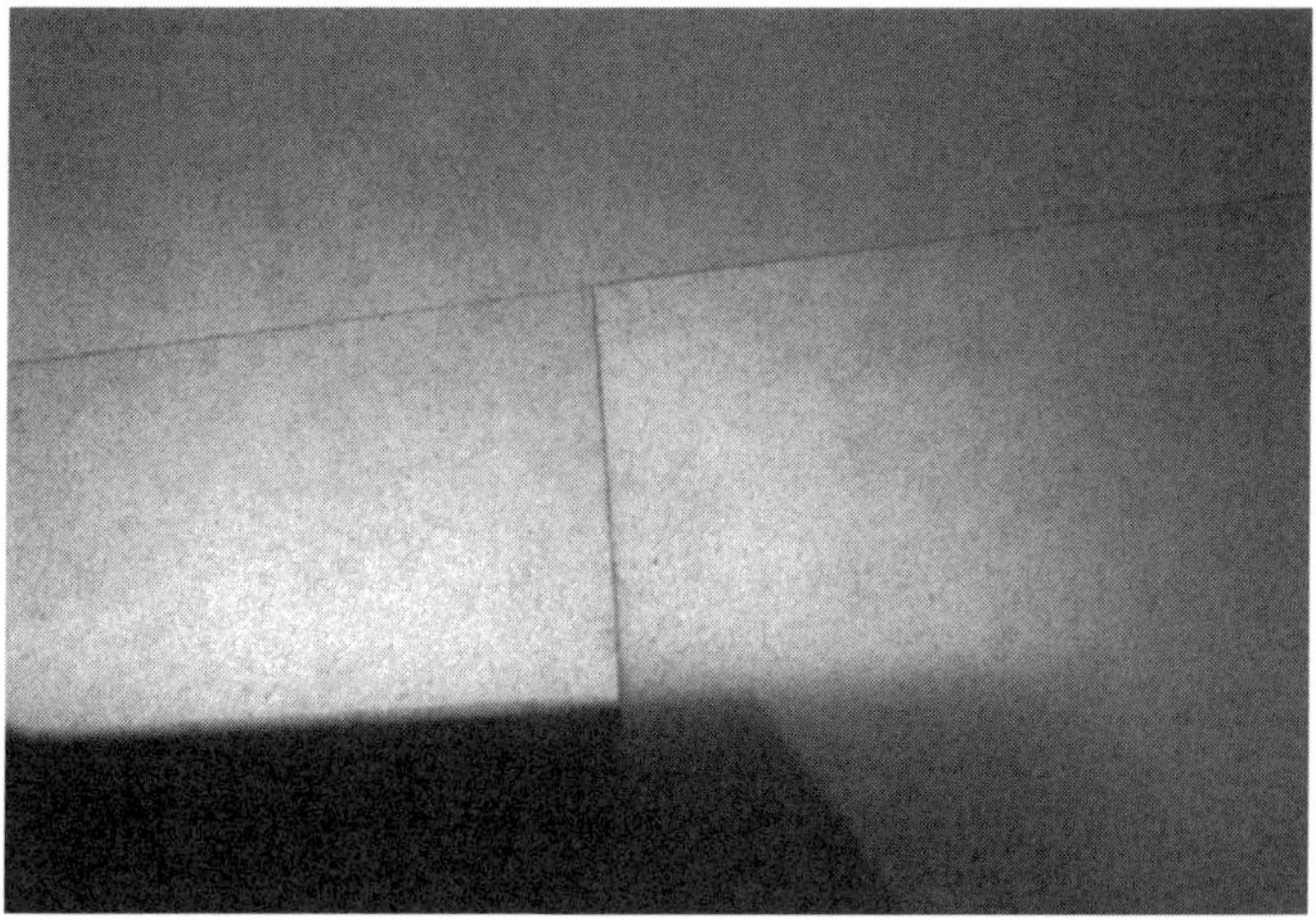

おわりに　過ぎ去った「現在」にある「未来」

いまフランス東部のストラスブールにいる。町でマスクをしている人の姿を見かけることはまれだ。新型コロナウィルスの感染症がニュースになったり、人びとがそれを話題にしたりすることもめったにない。日常生活を送るなかで他人との接触を極度に恐れ、マスクが手放せない時期があったと、思い出すこともなくなってしまった。

日本の大学でも、一時は全面的にオンライン化された授業がほぼ対面に戻り、柔軟な運用がなされてきた事務手続きなども、元通りになりつつある。学生の書類への教員のサインも、承認する旨の教員からのメールを書類に添付すればよかったのに、自筆の署名が欠かせない、と言われたりする。せっかく選択肢の幅が広がり、いろんなやり方が可能だとわかったのにどうして、と思うことも少なくない。

二〇二〇年にはじまったパンデミックの「危機」とは何だったのか。あらためて身の回りで起きてきたことを思い返すと、その振れ幅の大きさに当惑してしまう。

「危機」の渦中にあるとき、その変化は根本的で、不可逆なものに思える。東日本大震災のときもそうだった。あれだけの規模の震災と原発事故によって、社会は大きく変わらざるをえないと、多くの人は痛感したはずだ。だがあっという間に、日本社会はいつもの日常に逆戻りしてしまった。そこには「危機」とは何かという問いが潜んでいる。

「危機」に直面したとき、多くの人は恐怖や不安にさいなまれる。だが同時に、その恐怖や不安を抑え込んで、もとの何事もない日常へと戻りたいという欲求も生まれる。そして見えていたはずの変化の兆しにふたをして、「なかったこと」にしてしまう。

コロナ禍でも、自然災害でも、戦争などの「危機」においても、私たちが直面するのは、それ以前に抑え込まれ、隠された構造が露呈する事態だった。パンデミックのなかで、ケアや運送、ごみ処理といったオンライン化しえないエッセンシャルワークが、いかに社会全体を根底で支えているか、それにもかかわらず低賃金など労働条件が悪いままになってきたか、あきらかになった。

コロナに感染して自宅待機が求められるときも、シングルマザーや独居老人など、ずっと以前から社会的サポートが不十分だった人は、さらなる苦境に立たされた。あらたな問題が噴出したというよりも、それまでも潜在的にあった社会の不公平な状況が「危機」によって鮮明に可視化されたのだ。

つまり、「危機」のなかで見えている構造のほうが「ふつう」の状況で、何事もない日常だと信じている状態は、例外的であったことがわかる。「平凡な日常」とは、フィクションでしかないのだ。

でもだからこそ、「危機」は、私たちの日常に潜む問題の所在をつかむ好機でもある。日々、多くの事件や災害などのニュースが流れ、通り過ぎていく。そこで、何をどうつかむべきなのか。それは、「危機」のなかでこそ可視化される何かだ。

恐怖や不安を掻き立てる「危機」は、例外状態を受け入れやすい状況をつくりだす。人の移動や社会生活を制限する緊急事態の宣言も、ワクチンなど感染対策への膨大な予算配分も、「危機」のなかでは、きちんとした手続きや議論もなしに、すんなりと正当化される。しかし「危機」こそが「日常」なのだとしたら、そのときだけ過度な恐怖や不安を抱くことは、本末転倒だとわかる。「危機」を煽る勇ましい言葉とわかりやすい極論が飛び交うときにこそ、安易な「答え」から距離をとる姿勢がいる。

チャットGTPなど人工知能の技術が発達し、これからどんな世界がやってくるのか、その将来を予測し、その未来像をもとにいまから備えるべきことを探ろうとする動きが加速している。ネットなどのメディアにも、こういうあらたな時代がくる、これからはこういうスキルが必要になる、といったまことしやかな言説があふれている。

だが、未来はつねに現在の延長であり、現在はすぐに過去のなかに折りたたまれていく。だとしたら、変化は、ずっと先のどこかにあるのではなく、これまで起きてきたことのなかに埋もれている。過去から現在まで進行してきた変化の兆しをとらえずに、未来について語ることはできない。そして、その変化をとらえる視点そのものが重要になってくる。

人類は、どうやっていまの姿へとたどりついたのか。その人類史的な変化をとらえる視点が、いま目の前で起きている変化を意味づけることと不可分なのだ。

「人類学者のレンズ」を通して世界を見る。そのひとつの鍵は、「過去」のものとなりつづける「現在」のなかに、変わることと変わらないことを見定める複数の視点の可能性を探究しつづける姿勢にある。

新聞連載をもとにした本書を通して、あらためて人類学的な視点のもつ可能性を再考する機会をえることができた。朝日新聞で連載したコラムでは、担当記者の高久潤さんに、いつも懇切丁寧に文章の推敲に付き合っていただいた。限られた字数で読者に何をどう伝えるのか、学びの多い経験だった。

西日本新聞の連載では、小川祥平さんと佐々木直樹さんにご担当いただいた。岡山まで訪ねてこられた小川さんの提案ではじまった連載は、ちょうど一年で佐々木さんに引き継がれた。毎月欠かさず書き続けられたのは、お二人に内容や字数について柔軟にご対応いただけたからだ。毎回、著作の原文を確認していただく作業にも助けられた。書籍化にあたり、西日本新聞の出版部に異動になった小川さんに編集を担当いただけたことも幸運だった。

写真家の喜多村みかさんには、連載から本書に至るまで、味わい深い写真を提供していただいた。この連載は、喜多村さんの写真あってのもので、書籍化するときもぜひお願いしたかった。かならずしも説明的ではなく、容易には言語化できない喜多村さんの写真からは、文章で表現されたものの外側に、もうひとつ別の世界への扉を開くようなインスピレーションを受けとってきた。

本書の装丁や全体のレイアウトは、北九州市在住のグラフィックデザイナー、岡崎友則さんにご担当いただいた。小川さんや喜多村さんをはじめ、オール九州で本書をつくりあげられたことは、この上ない幸せだった。

多くの方のお力添えで、まとまって読み返すのが難しく、購読者以外の目に触れることも少ない新聞紙面の文章を、一冊にまとめることができた。あらためてお礼を申し上げたい。

著者略歴

松村圭一郎（まつむら・けいいちろう）

1975年、熊本市生まれ。岡山大学文学部准教授。専門は文化人類学。所有と分配、市場と国家の関係などについて研究。著書に『うしろめたさの人類学』『くらしのアナキズム』『小さき者たちの』（いずれもミシマ社）、『旋回する人類学』（講談社）、『これからの大学』（春秋社）など。

写真

喜多村みか（きたむら・みか）

1982年、福岡県糸島市生まれ。写真集に『TOPOS』（sign and room）、『Einmal ist Keinmal』（Therme Books）。受賞歴に、VOCA展2019大原美術館賞、キヤノン写真新世紀優秀賞など。

人類学者のレンズ　「危機」の時代を読み解く

2024年4月29日　初版第一刷発行

2024年7月10日　初版第二刷発行

著者　…松村圭一郎

写真　…喜多村みか

デザイン　…岡崎友則（岡崎デザイン）

発行者　…柴田建哉

発行所　…西日本新聞社

〒810-8721　福岡市中央区天神1-4-1

TEL 092-711-5523（出版担当窓口）

FAX 092-711-8120

印刷・製本　…シナノパブリッシングプレス

校閲　…西日本新聞プロダクツ

ISBN 978-4-8167-1014-8 C0095 ¥1600E